人生が変わる
究極の営業

笹村敏夫
Toshio Sasamur

幻冬舎MC

はじめに

「誰でも、年収1000万円を稼げる仕事がある」

そういうと、「なんだか怪しい」「そんなうまい話はない」と、眉をひそめる人は多いと思います。

ただ、もし本当にそんな仕事があったとしたら、あなたはどうしますか。

その仕事との出会いで、あなたの年収が1000万円を超えたなら、きっと人生が変わるのではないでしょうか。

結論からいうと、誰でも年収1000万円稼げる仕事とは「営業」です。

営業で「どんな人も成功できる」ということは、にわかには信じがたいでしょう。

しかしこれは、れっきとした事実です。

営業未経験者であっても、しゃべりがうまくなくとも、人の心に訴えかける特別な才能がなくとも、正しい方向に努力すれば必ず、高額の年収を手にすることができます。


実際に私は、大手菓子メーカー・ロッテのマーケティング職から営業の世界へと入り、成功を収めることができました。

私が飛び込んだのは、数ある営業職のなかでも、「究極」といわれるものの一つである、保険営業。保険という「形のないもの」を販売するのは、特定の機能をもった製品を販売するよりも難しいとされています。実際に私も、数多くの壁に当たりました。最初は断られ続け、思い描く成果を挙げられませんでした。

失敗の理由はなにか、お客さまの心を動かせなかったのはなぜか。自分の行動を顧みつつ、何人もの売れている先輩営業マンにアドバイスを求めたところ、「売れない理由」が絞り込めてきました。例えば、「お客さまは神様だ」という考え方や、「安くなければ物は売れない」という固定観念は、マイナスにしかならないということです。

そうしてマイナス要因を排除していくとともに、営業マンとしてあるべき心構えについても掘り下げました。営業という仕事を通じ、自分にできることはなにか。いつも自信をもって仕事をするには、どう気持ちをつくればいいか。結果を出すため、マインドから変えていきました。また、自己管理や身だしなみの確認など、習慣にすべきことをリスト化して日々、確認するようにしたのです。

そのうえで、とにかくお客さまと接する機会を増やし、一つでも多く現場を回って経験を積みました。朝から晩まで1週間で20人～25人のお客さまと会い、試行錯誤するなかで身につけていったのが、「相手との距離を瞬時に縮めるトーク術」や、「雑談を利用して心を掴む方法」といった実践的ノウハウです。

そのようにして日常のすべてを営業という仕事に捧げて没頭したところ、売るために求められる「営業の本質」が見えてきました。それとともに成績も上がり、気づけばトップセールスとなっていました。

こうして私が18年かけて磨いてきた成功のノウハウを記録し、マニュアルとして落とし込んだのが、保険業はもちろんあらゆる業種で使える「究極の営業術」です。

その後、人の縁がつながって前職の保険会社から独立。保険代理店の経営者となって現在に至るのですが、「究極の営業術」を３人の部下に伝授したところ、彼らの人生は大きく変わりました。

シルバーアクセサリーのショップ店員、植木職人、居酒屋の店長……。保険営業とはなんの関わりもない場所でくすぶっていた彼らは、出会った当初、お世辞にも「営業向き」とはいえず、内気で寡黙、口下手で人の目を見て話すことすらできませんでした。

当時の彼らの年収は、２００万円から４００万円の間でしたが、保険営業を始めて、究極の営業術のマニュアルをひたすら忠実に実行し続けた結果、２～３年で年収が１０００万円を超えました。彼らの名刺には、業界上位２・５％のトップセールスである証として、「ＭＤＲＴ会員」の文字が刻まれています。ＭＤＲＴとは、世界中の生命保険・金融サービス専門職の毎年トップクラスのメンバーで構成された組織です。


彼らの成功を見て、私は確信しました。

自分がつくり上げた「究極の営業術」は、誰もが営業で成果を挙げることができるマニュアルとして機能するのだと。

本書は、その「究極の営業術」をまとめたものです。本書に書いてあることを一つひとつ実践すれば必ず一流の営業マンとなれる「虎の巻」という位置づけで、明日から使えるテクニックもふんだんに掲載しています。

ただし、いくらテクニックだけを身につけても、一流にはなれません。

本当に大切なのは、「心構え」であり、ここが営業成績を分ける最も重要なポイントとなります。

営業という仕事の本質は、「商品やサービスを通じ、相手の問題を解決し幸せにする」ことにあります。

自分の利益より、お客さまの利益を優先できるか。

仕事を通じ、相手を幸せにしたいと本気で思えるか。

そうした根っこの部分こそ、営業職で大輪の花を咲かせるための土台となります。

最初は、稼ぐことを目的として業界に飛び込む、営業職にチャレンジするという姿勢でいいと思います。しかしいつまでもそうだと必ず壁に当たり、悩み、辞めていくことになるでしょう。結局は、数字より「人の役に立つこと」に喜びを見いだすようになれないと、成功への階段に足をかけることはできません。今後、営業という仕事を長く続け、実績を積み上げていくために必要となる考え方や心構えについても、本書で詳しく述べていきます。

本書を通じ、営業職のやりがいや魅力が改めて伝わるとともに、営業というすばらしい仕事を通じ、人生が変わった人が一人でも増えたなら、著者としてそれ以上の喜びはありません。

人生が変わる「究極の営業」目次

［第4章］マインドと習慣を武器にいざ商談 YESを引き出すコミュニケーション9

［第1章］

「お客さまは神様」ではない!? 営業がうまくいかない10の理由

①「お客さまは神様」だと信じている

・売り手と買い手は、あくまで平等

「お客さまは、神様」

営業の世界で、当たり前のようにいわれるフレーズの一つであり、サービス業などでもよく使われます。

なぜこの言葉が流布したのか。古くは歌手の三波春夫さんがそう発言しています。そのあたりにルーツがありそうです。

では、「お客さまは神様」とは、どういう意味でしょう。

「お客さまとは、私たちにお金を払い、生活を支えてくれる人。だからこそ神様と思って、平身低頭で尽くしていかねばならない」

このようにとらえている人は、残念ながら一流の営業マンにはなれません。

三波さんのファンの方々から「ケチをつけるのか」というお叱りを受けそうですが、そ

もそも、三波さんは、「お客さまを崇《あが》め奉《たてまつ》る」という文脈で、「神様」とは発言していません。

三波さんは「歌を歌うとき、あたかも神前で祈るように、雑念を払い、まっさらに澄み切った心にならなければ完璧な芸をお見せできない。だからお客さまを神様とみて歌う」と真意を話しています。三波さんが舞台に上がる際の心構えを示した言葉であり、お客さまに対し、実際に平身低頭で尽くせという意味とは違います。

営業マンの中には、「お客さまは神様」を合言葉に、とにかく頭を下げ、媚を売り、いうことをなんでも聞いて、なんとか契約までもっていこうとする人がいます。

そうしてお客さまに媚びへつらうような営業マンは、自分が客の立場となった際「お客さまは神様なんだから、サービスして当たり前だろう」というように、偉そうな態度を取るケースもありますから、残念なことです。

少なくとも私が知る限り、こんな態度で１０００万円を超える年収を得ている営業マンは、一人もいません。

逆からいうと、商品やサービスを提供する側も、お客さまを持ち上げすぎているきらいがあると感じます。「お客さまは神様」と教わってきたおかげか、必要以上にお客さまに平身低頭してしまうから、客側も調子に乗るのです。

ここではっきりと述べておきたいのは、世の中のあらゆる商品やサービスにおいて「売り手より買い手のほうが偉いわけではない」という点です。

・互いにとって利になる話なら、対等で当然

お客さまがやってきて、それこそ賽銭箱に入れるようにお金だけをただ置いていってくれたなら、あるいは「神様」に思えるかもしれません。

しかし商売では、売り手は相手に対して商品やサービスを提供しています。買い手は対価を支払い、それを自分のものとします。一方通行の利益ではなく、相互利益の関係にあるのです。

したがって本質的には、売り手と買い手は対等の立場といえます。

一流の営業マンは、そのことをよく理解していますから、お客さまを大切にこそすれ、媚びへつらったり、へりくだったりはしません。

私が属する保険業界でも、まったく同じです。

仮に自分がお客さまとなった場合、こちらのいうことをすべて肯定し、持ち上げるばかりで、はっきりした提案もアドバイスもない営業マンを、果たして信頼できるでしょうか。

詳しくは後述していきますが、お客さまに対して将来の安心や不慮の出来事に対する保障というかけがえのないものを提供するのが、保険の営業マンの仕事であり、売れる営業マンほど自分の仕事に誇りと自信をもっています。

お客さまの将来設計にフィットした商品を販売することが相手にとって大きな利益になると考えていますから、「どの商品でもいいから、何とかお願いして買ってもらおう」というへりくだった発想がそもそもありません。

だからこそ、いつも堂々としていられるのです。

私の経験からいうと、営業のアポイントというのはとにかく邪険にされがちです。

時間にルーズだったり、約束を守らなかったりするお客さまがたくさんいました。

それは結局のところ「営業マンより客である自分の立場が上」という勘違いから来ているのだと思います。

一度や二度ならまだしも、約束違反が何度も続き、相手が明らかに上から目線であると感じた際、私ははっきりと伝えています。

「売り手と買い手は、対等です。私はプロとして、お客さまのライフプランや考え方に合わせ、将来への備えを万全にするお手伝いができます。もしそこに価値を感じていただけるなら、お話を続けましょう。逆にご興味がないなら、私と過ごす時間にはなんの意味もありませんので、お互いにとって不利益になりますから、ここで終わりにしませんか」

このように言葉で書くとやや冷たい印象ですが、私は自分のためにいうわけではなく、約束や時間を守らない相手の将来を思って、言っているつもりです。

そんな気持ちが伝わるのか、はっきりと指摘してもむしろ「こんなことを言ってくれる営業マンは今までいなかったのでありがたい」と感謝され、絆が深まり、以降はスムーズに商談が進んでいくケースがほとんどです。

お客さまを神様として祀り上げることなく、対等の立場で、互いにとって利益のある話をしていく――。

これが、売れる営業マンがやっている鉄則の一つです。

②安くなければ売れないと思い込んでいる

・値下げの先に、明るい未来はない

例えばECサイト上で、まったく同じ商品をA社では1000円、B社では1200円で売っていたとしたら、特別な事情でもない限りはA社から買うでしょう。

売り手としても、他社より安い価格で勝負するマーケティング戦略「コストリーダーシップ」は、経済の原理に則ったシンプルで強力な手法です。小売業などでは、原価をできる限り抑え、薄利多売で利益を出すビジネスモデルが王道の一つとなっています。

営業の世界でも、当然安いほうがモノを売りやすくなります。

多くの営業マンは、自分が扱っている商品やサービスに対して「もっと安ければいいのに……」と思っているのではないでしょうか。

ただ、実は「安くなければ買ってもらえない」という発想こそ、売れない営業マンが陥りやすい代表的な思考の一つです。

なんとか営業成績を上げなければならない。

一つでも多く商品を売らないと……。

たとえ利益率が減っても、売れないよりはましだ。

そうして「とにかく買ってもらう」ことばかりを考えた結果、最もお客さまの反応が良い「値下げ」に走ってしまいがちです。

値下げに走ることがなぜいけないのかといえば、営業マンとしての存在価値が失われかねないからです。

値段だけの話なら、結局誰から買おうが一緒ですから、買い手は競合を横並びに比べ、少しでも安いところを選ぶことになります。

営業マンを雇って商品を販売している会社は人件費がかかりますから、店舗や販売員をもたないＥＣサイトに値下げ合戦を挑めるような営業会社は、まずないでしょう。仮に値下げ合戦に勝ち、その場では契約を預れたとしても、あとでお客さまがより安い商品を見つけたなら、クーリングオフは必至です。

「誰から買おうが安ければいい」という価格競争のフィールドに立ってしまえば、営業マン個人の存在価値は途端に薄れます。価格競争に打ち勝って契約が預れても、それで1件あたりの利益が大きく下がったなら、会社が営業マンを雇う意味はありません。

営業マン自身も、収入はさほど変わらないのに扱う件数ばかり増えていき、それが結果的に自分の首を絞めることになるのは明白です。値下げの先に、明るい未来はないのです。

・自分や商品の付加価値を高める努力をする

ただ闇雲に値下げをするだけなら、それこそ小学生でもできます。販売のプロである営業マンが考えるべきことは、「どれくらい値を下げられるか」ではありません。

自社の商品を定価で売るのを前提に、「どのように付加価値を高めるか」「自分から商品を買う価値はどこにあるのか」について知恵を絞るべきであり、それこそが営業という仕事の醍醐味であると私は思います。

あなたに価格の値下げを要求するのは、他に提案がないからだと思ってください。「安くなければ売れない」という営業マンの多くは、値段にばかり気を取られ、お客さまが何を望んでいるかに意識がいかないものです。

商品やサービスを通じ、お客さまが何を解決したいのか、どんな未来をイメージしているのか。そこに購買につながる大きなヒントが眠っています。

お客さまの心配事や悩みにじっくり耳を傾け、それに対する解決策として自社の商品やサービスを提案する。そうしたオーダーメイドのサポートが、「次もあなたに相談したい」という付加価値を生むのです。

個人的な相談やアドバイスといったプライスレスな部分は、実は価格競争に巻き込まれずに付加価値を上げる重要なポイントであるといえます。

そうして相手に対し、自分という人間の価値を高めていく他に、商品やサービスの魅力の表現方法についても、工夫を凝らさねばなりません。

私は以前、ロッテで店頭マーケティングを担当していたのですが、スーパーの一つでは、自社の主力商品が恒常的に安売りされていました。

そのままにしておけば、きっと他の店も追随して安売りを始め、ブランドとしての価値が下がっていくでしょう。

そこで私が行ったのが、店頭（スーパー）の売り場の改善でした。

まずは売上より利益に焦点を当てるように提案。商品一つあたりの販売利益がしっかり出るよう、店頭販売価格を上げました。もちろんただ値上げをするだけではお客さまは離れてしまいます。値上げをした分、新たな売り場を細かくいくつも設けて、お客さまの目に留まる機会を増やしました。

その後毎週、データ検証を行ったところ、売上点数は維持されつつも利益は増えるという結果となり、取引先との信頼を築くことができました。

このように、商品に対する興味関心を惹きつける工夫を施し、値下げせずとも売れるような独自戦略を考えるというのも、営業マンの重要な仕事です。

高くて売れない……。そう嘆く前に、まずは自分が買い手の悩みに応える努力をしているか、そして商品やサービスの魅力が最大限に伝わるような工夫をしているか、考えてみてほしいと思います。

これらの努力の積み重ねにより、営業マンとしての実力が磨かれ、値下げに頼らずともなんでも売れる一流の営業マンになっていくのです。

③「足で稼ぐ＝飛び込み営業」を信条に、闇雲に営業をかける

・営業マンが闇雲に足で稼ぐ時代は終わった

営業マンは、「足で稼ぐ」もの。

私たちの世代の営業マンは、先輩からそう教わってきました。

毎日、1軒でも多く客先を回り、とにかく顔をつないでおく。

団地全部の家の扉を叩き、飛び込み営業をかける。

そうしてとにかく外回りをし続けるのが、営業成績を上げるための王道であるといわれてきました。この価値観は現在でも根強く残っており、いまだに「足で稼ぐ」を信条に、ひたすら飛び込み営業に精を出している営業マンをよく見かけます。

そもそもなぜ、「足で稼ぐ」というスタイルが評価されるようになったのか。

過去に遡れば、その理由が見えてきます。

戦後の日本はとにかくモノ不足であり、供給よりも需要が圧倒的に勝っていました。

営業マンは、モノを持ってさえいけば売れる状況でした。

したがってどれだけの件数営業をかけられたかが売上に直結し、当時の営業マンは、御用聞きのように顧客のもとを回り続け、注文を取っていました。そこから足で稼ぐという言葉が生まれたのでしょう。

高度経済成長期に入ってしばらく経つと、必要なモノがそれなりに手に入るようになり、需要と供給のバランスが取れてきます。

営業マンとしては、訪問すれば必ず売れるという時代ではなくなり、いかに相手の問題や悩みを解決するかという営業技術も問われるようになっていきます。ただ、それでもまだ顧客との接点を数多く増やしたほうが有利であることに変わりはなく、足で稼ぐスタイルが主流でした。

このように、戦前から高度経済成長期の「大量生産大量消費」の世では、営業マンが「足で稼ぐ」時代であったといえます。

しかしその後、日本がバブル景気に沸いた頃から、供給が需要を上回り、モノが溢れる時代となります。消費者は、たくさんの候補のなかから自分の条件に合ったモノを選ぶようになり、いくら説得されようが「いらないものはいらない」という人が増えました。そのあたりから、ただひたすら外回りを続けるだけでは以前のような成績を上げるのが難しくなっていきました。

そして、「足で稼ぐ＝飛び込み営業」を決定的に過去のものへと変えたのが、インターネットの登場でした。モノだけではなく情報まで溢れるようになり、消費者は商品やサービスに対する情報を多角的に手に入れたうえで、購入を検討するのが常識化していきました。

これを逆から紐解けば、いきなり営業マンが訪れたところで、その場で契約を結ぶ可能性は極めて低くなったということです。そうやって消費行動が変化しているのにもかかわらず、ただ闇雲に客先を回っているだけでは、営業成績は上がりません。

現在では、コロナ禍により対面営業の機会が制限されています。今後、テレワークやリモート面談が日常化するであろうことを考えても、「足で稼ぐ」営業スタイルから一刻も早く脱却せねば、食べていくのすら難しくなるでしょう。

・商談数を増やしながら、成約率を上げる努力を徹底する

もちろん、外回りの営業すべてが無意味なわけではありません。直接行って顔を合わせ、その時々の悩みを聞くなかで生まれる商談もあるため、フットワークは軽いに越したことはありません。

問題なのは、「足で稼ぐのが営業」と決めつけ、回れば回っただけ成果が出ると信じている営業マンです。

飛び込み営業を始めとした「足で稼ぐ」スタイルは、見込み客を発掘するための手法にすぎず、商談が成立するかどうかは、また別の話です。偶然、興味をもってくれたお客さまがいたとしても、最終的には営業力がなければ契約へと結びつきません。

一流の営業マンが重視しているのは、「いかにご紹介をいただくか」です。一流になると紹介だけで十分、お客さまと出会えますから、わざわざ足を使って見込み客を探す必要がなくなります。

売れない営業マンが盲目的に外回りを続けている時間を、売れる営業マンはご紹介をい

ただき成約率を上げる時間に充てています。

私は18年の間、2日間だけ飛び込み営業をしましたが、体に合わずやめました。この2日間で「ご紹介営業」の大切さとありがたさがよく分かりました。

アポイントの技術、台本の練り込み、ロールプレイング、滑舌やしぐさの修正……。具体的な営業技術については本書でも後述していきますが、そうして自分の技に磨きをかけ、ご紹介をいただき、成約率を上げる努力をするのが重要です。

私も、話の構成を徹底的に考え、何度も何度も台本を読みこみ、ロールプレイングを行い、自分が話す姿を録画して見返すといったことを習慣的に行ってきました。

俳優としての天賦の才でもない限り、人になにかを伝え、心を動かすためには、それなりの訓練が必要となります。

平凡な人間が、ただ多くの舞台に立ち続けているだけでは、ファンはつきません。

技を磨き、人の心を動かすことができてこそ、ファンが増えていきます。

お客さまの前という本番の舞台に立つ前に、十分な訓練と準備を積み、実力をつけて、初めて相手を感動させることができます。そうしてお客さま一人ひとりに自分のファンになってもらったその先に、契約や紹介といった成果があるのです。

④商品説明に、多くの時間を割く

・お客さまが商品を買う、本質的な理由を考える

自らの営業技術に自信がない人がやってしまいがちなのが、商品の良さを必死に伝えようと、その説明に時間を割くことです。

特に営業にまだ慣れていない新人の頃などは、お客さまとの会話が続かなくなるのを恐れる気持ちもあり、沈黙を生まぬよう矢継ぎ早に商品説明をしてしまうもの。実は私も、同じような経験があります。

大手菓子メーカーのルート営業マンだった時代、私はとある大手スーパーのバイヤーに対し、とにかく必死に商品の解説をして、なんとか採用してもらおうとしました。

私の説明の途中、そのバイヤーはすっと手を顔の前に挙げて話を遮りました。

「あなたの話は、パンフレットを見れば分かることでしょう。そこに載っていないメリッ

トや魅力を伝えられないなら、パンフレットを置いて帰ってください」

今思えば、自信のなさをバイヤーに見抜かれるのが怖くて、商品説明をひたすら繰り出していたのもあるでしょう。相手にとっては、私の拙い説明をだらだらと聞くより、商品説明がきっちりとまとめられているパンフレットを読んだほうが何倍も分かりやすいわけで、だからこそ「パンフレットを置いて帰って」とまで言われたのです。

これはあらゆる営業に通じることであり、パンフレットやウェブサイトの商品説明を見れば、商品スペックやサービス内容などの情報はすべて手に入ります。そこに書いてあることを繰り返すだけなら、営業マンなどいりません。

では、営業マンの役割とはなにか。

実はこの問いには、一流の営業マンになるための大切な要素が詰まっています。

営業マンの役割は、商品説明ではありません。より多くの商品を売ることでも、成績を上げて会社からのノルマを達成することでも、巧みな話術でお客さまを誘導して契約を預ることでもありません。

お客さまの立場になって、考えてみましょう。

お客さまが営業マンから聞きたいのは、どんな話なのか。

商品説明はパンフレットを読めば分かりますから、さわり程度で十分です。営業マンの会社の事情や営業成績などには当然、興味がありません。

お客さまが最も聞きたいのは、その商品を購入すると、「どんなふうに未来が変わるか」に他なりません。なぜなら、お客さまにとっては、商品の購入は手段にすぎず、その商品を使うことで、未来をより良く変えるのが最終的な目的だからです。

それが分かっていれば、営業マンの本質的な役割が見えてくると思います。

・仕事を通じ、お客さまの未来を変える

営業マンの本質的な役割は、「自社の商品やサービスを通じ、お客さまの悩みや課題、欲求を解消して、理想とする未来を提供する」というものです。

ここを理解していない営業マンは、商品を売ることが最終目標になってしまうため、どうしても「商品ありき」でのセールストークが多くなります。「この商品には最新鋭の技術が使われており……」といった商品説明が繰り返されると、営業マン自身には、強く

プッシュしている意識がなくとも、お客さまは「なんとか説得して売ろうとしている」と受け取り、一気に買う気を失います。

こうした反応は、実は人間に共通の心理です。

人は生来的に、自分の選択や行動を自ら決めたいという欲求があります。そして、それを他人により奪われることに抵抗を感じます。

例えば、子どもが親に「勉強しなさい」というと、「今やろうと思っていたのに……」と、途端にやる気を失ったりします。

家族や親しい友人であっても、「あなたはこうだから」と決めつけられれば、「そんなことはない」と反発心が沸き上がってきます。

このような反応は、心理学において「心理的リアクタンス」と呼ばれるものです。

そして営業マンのセールストークでも、「いい商品なので買ったほうがいい」という商品ありきの提案が多ければ多いほど、お客さまの抱く反発は強まっていきます。たとえそれが実際にいい商品だったとしても、素直に「欲しい」とは言わなくなります。

そうならないためには、常に営業マンの本質的な役割を見失わないことです。

営業マンの仕事の入り口となるのは、商品ではありません。お客さまの悩みや課題、欲求です。一流の営業マンはそれをよく理解していますから、まずはヒアリングを最も重視するのです。

お客さまの悩みを把握したうえで、営業のプロである自分にできることはないか考える。もし相手の悩みが自社の商品と結びつかぬものであれば、無理に商品を売ろうとはしません。仮に契約にこぎつけたところで、お客さまの悩みを解決するという本質的な役割を果たせなければ、プロとして失格だからです。

もう少し大きな視点からいうと、世の中のあらゆる仕事は、自分ではなく他者のために存在します。誰かの役に立って初めて、その対価として報酬が得られます。

自分の成績のため、ノルマ達成のため、インセンティブのため……。そうした思いで営業しているうちは、何千万もの収入を稼ぐことはまずできません。

お客さまの未来をより良く変えるために、自分は営業をやっている。本気でそう思えるようになることが、一流営業マンへの第一歩です。

⑤お客さまから「来い」と言われれば、いつでも駆けつける

・行き当たりばったりでは、営業効率が上がらない

休日だろうが、夜だろうが、お客さまから呼び出しがあれば、駆けつける——。

一見すると、お客さまをなにより大切にする「営業マンの鑑」のように思えるかもしれません。

実はこれも、うまくいかない営業マンの特徴です。

仮にあらゆる契約をたった一人のお客さまからもらっているのであれば、あるいはこのような姿勢でもいいかもしれません。

しかし実際には、一流と呼ばれる営業マンほど何百人というお客さまを抱えているわけで、その誰かから急な呼び出しが入っても、「分かりました」と都合よく行けることはほとんどありません。

新人であったり、転職して間もなかったりすれば、最初はお客さまの数は当然少ないも

の。今、自分についてくれているお客さまをなんとしてでも離したくない気持ちは分かりますが、呼ばれればすぐ駆けつけるような関係性は、平等とはいえないものです。前述の通り、営業マンとお客さまは平等であるのですから、太鼓持ちのように尽くす必要はありません。

いつでも駆けつけることができるのはすなわち、スケジュールに余裕がある証拠です。一人のお客さまに固執するよりも、まずは自分のスケジュール帳を予定でしっかりと埋めるような方向に努力をする必要があります。

お客さまの立場で考えてみましょう。

自分からアポイントを取ろうと思ったときに、「いつでも大丈夫です」という営業マンと、「今週はたくさんのアポイントをいただいておりまして、○月○日○時か、○月○日○時ではどちらがよろしいでしょうか」と指定をする営業マン、どちらがいいでしょう。都合がいいのは当然、前者ですが、他からも引く手あまたで忙しい様子がうかがえる後者のほうが、営業マンとしての力を信頼できるのではないでしょうか。

年収１０００万を超えるような営業マンのスケジュール帳は、数カ月先まで詰まっています。そこまでとはいわずとも、せめて1週間先の予定は、前週にあらかじめ決めておくべきです。

私の経験からいっても、「その週の頭に、1週間の予定を決める」というような習慣のある営業マンは、たいてい成績が振るいません。

お客さまの数が少ないからこそ、やるべきことは多くあり、スケジュールはいくらでも埋まるはずです。お客さまとのアポイントを優先的に入れるのは当然ですが、その他にこなすべきタスクや、営業技術向上に充てる時間、休憩や休日もしっかりとスケジュールに組み込んで動いている営業マンは、時間を効率的に使い、実力が伸びるのも早いです。

「行き当たりばったり」で行動するのではなく、今より2週間後、3週間後までを予定でしっかりと埋める。これを習慣化していくことです。

そうやって有意義な時間を積み重ね、実力を磨いていけば、「急遽お客さまに呼ばれて駆けつけなければならない」必要がなくなります。

最終的には、たとえ契約締結日の提案であっても「申し訳ありません。その日は家族と食事があるので、別の日でお願いできますか」と言えるくらいの、実力をつけることを目指しましょう。

⑥営業のときは、スーツさえ着ればいいと思っている

・第一印象は30秒で決まり、3年は薄れない

営業マンの定番の「仕事着」といえば、スーツです。

世の中にはさまざまな業種の営業マンがいますが、スーツ姿で働く人の割合はかなり高いと思います。

そんな印象もあってか、営業マンのなかには「とりあえずスーツさえ着ておけばいい」という感じで、いつも同じスーツを着ていたり、スーツにしわやほつれがあっても平気で営業に出たりする人がいます。

断言できますが、年収の高い営業マンで、何日も洗っていないようなよれよれのスーツを着ている人はいません。身だしなみに興味がないのは、売れない営業マンならではの大きな特徴といえます。

そもそもなぜ、営業マンの多くがスーツを着ているのか。

それは、現代社会において最もフォーマルな格好の一つが、スーツ姿だからです。

本質からいうと、スーツを着るのは、あくまで相手に対し清潔できちんとした印象を与えるのが目的であり、ユニフォームとしてではありません。

誰に対してもよりよい印象を与えることができるなら、極端な話、格好はなんでもよいのです。

一流の営業マンが最も大切にしているものの一つが、相手に対して与える第一印象です。

そして第一印象には、身だしなみが深く関わっています。

人間が相手に抱く印象に関して、アメリカの心理学者アルバート・メラビアンが提唱した「メラビアンの法則」というものがあります。

メラビアンが研究したのは、「人から矛盾したメッセージが発せられると、相手はそれをどのように受け止めるのか」についてでした。例えば、口では「あなたが嫌い」と言っているのに顔では笑っているというような、相反する情報があった際、人はどこに重きを置いて印象を決めるのか、ということです。

実験の結果、矛盾した情報があった際に人が参考にする割合は、話の内容である言語情報が7％、話し方などの聴覚情報が38％、見た目や表情といった視覚情報が55％となりました。つまり、人が重視する要素の93％は、視覚的要素と聴覚的要素であり、話す内容の影響をほとんど受けないのです。

そして、印象の半分以上を占める視覚情報の、柱の一つとなるのが身だしなみです。それに加え、目線や表情、姿勢なども、視覚情報に含まれます。ちなみに聴覚情報は、声のトーンやイントネーション、言葉遣いなどです。

人間の脳は、こうした情報を瞬時に確認し、わずか30秒ほどで第一印象を判断するといわれています。

こうして瞬間的に固まる第一印象ですが、それが悪いほうにふれると、取り戻すのが大変です。メラビアンによれば、第一印象が薄れるまでには、3年もの期間を要するそう。モノを売るには、絶望的といえる長さです。

一流の営業マンが第一印象を大切にするのも、そうした脳の習性をよく理解しているからに他なりません。

⑦相性のいい人ばかりと付き合う

・居心地のいい環境にいても、成長できない

営業マンの主な仕事は、人とのコミュニケーションです。

お客さまを知り、自分を知ってもらい、商品の良さを伝え、お客さまの人生をより良く変えるという一連の営業プロセスは、コミュニケーションがしっかり取れてこそ成し得るものといえます。

したがって、基本的にはどんなタイプの相手ともコミュニケーションを図り、商談成立の可能性を探らねばなりませんが、売れない営業マンは、とにかく自分とお客さまとの相性の話をしがちです。

「あのお客さまは、自分に合わなかった」

「反論ばかりのお客さまは、面倒だからいい」

「話が全然かみ合わないから、無理だ」

一事が万事で、そうした人は自分の周囲にも、価値観や好みの合う人間ばかりを集めようとします。

そのように自分にとって楽な人間関係に浸かって、自分のストライクゾーンを狭めているうちは、いつまで経っても売れない営業マンのままでしょう。

世の中で、自分と価値観のぴったり合う人はそういません。営業マンとお客さまという立場で出会ったなら特に、自分にとって居心地のよくない対応をされることのほうが多いはずです。反応の悪い人、ネガティブなことばかりいう人、反論の多い人、調子のいい人……。苦手なタイプだな、と感じることもしょっちゅうでしょう。

もちろん、苦手な人を徹底的に避け、居心地のいい人間関係を求める人がいてもいいのですが、先ほども述べたとおり、コミュニケーションを生業とする営業マンがその姿勢でいるなら、プロとして失格です。「心地いい人としか付き合わない」のが習慣化していると、いつまで経っても成長することができません。

・「山はこれ以上大きくならないが、私たちはもっと成長できる」

脳科学の世界では、「人間の行動の95％は習慣から成り立っている」と考えられています。意識的に行っている行動は5％にすぎず、残りはすべて無意識的に行われているというのです。

靴は右足から履く。お風呂ではまず頭から洗う。平日の朝、同じ時間に起きる。朝食に1杯のコーヒーを飲む……。私たちの日常で、深く考えずにできる行為は意外に多いものです。そうして慣れ親しんだ行為は、脳があまりエネルギーを使わずともこなせるようにインプットされています。

脳は、自分にとって親しみのある行為、楽な行為をより安全と見なし、推奨します。推奨された行為は、無意識でもこなせる習慣となっていきます。これはいわば脳の癖のようなもので、放っておけばいつも楽なほうを選びます。

自分にとっておなじみの相手や、居心地のいい人とばかり会いたがるというのも、そんな脳の癖からきています。

営業マンとして一流でも三流でも、この本質は変わりません。誰だって苦手な相手や居心地の悪い人がいます。

では、売れる営業マンはどのようにして脳の癖と向き合っているのか。

まず、自らの発想を転換します。

面倒なお客さまや、やっかいなお客さまというのは、裏を返せば「多くの人が避けて通る相手」といえます。もしそこで、相手の心の壁を乗り越え、自分を特別に思ってくれるようになったなら、きっと末永くお付き合いをしてくれる上得意になるでしょう。

そのように考えれば、むしろやっかいなお客さまほど、チャンスが眠っています。

また、価値観の違う人というのは、コミュニケーションスキルを鍛錬してくれる格好の相手です。コミュニケーションを深めることができれば、自分にない考え方に気づき、新たな世界がひらけるかもしれません。

価値観の違う人との付き合いを通じ、営業力が磨かれ、人間としても成長できます。

ですから一流の営業マンは、「嫌だな」と感じる脳の癖に逆らって、苦手な相手ほど自ら進んでコミュニケーションを取ろうとするのです。

多くの人は、人生において壁にぶつかると、安易に道を変えてしまいがち。努力して壁を越えようとはせず、楽な道を行きたがるものです。しかしもしそれが癖になってしまえば、いつまで経っても成長できません。

あらゆる分野でいえることですが、成功している人は必ず、新たなことにチャレンジし続け、常に高いハードルを自分に課しています。それが自分の未来をよりよいものにすると分かっているからです。

ここで、世界最高峰であるエベレストの登頂に何度も挑み、史上初めて成功した登山家、エドモンド・ヒラリーの言葉を紹介しましょう。

山はこれ以上大きくならないが、私たちはもっと成長できる。

困難というのは、見方を変えれば成長するチャンス。果敢に挑戦を続けるほど、自らを成長させていくことができるのです。

⑧自分に合うやり方だけを取り入れている

・できそうなことしかやらない人は、一流にはなれない

営業会社の多くは、独自のノウハウやマニュアルを持っており、新たに入った営業マンはそれを身につけるところからスタートすると思います。

このマニュアルを「初心者用」と勘違いしている人がいますが、実は大きな間違いです。もちろん基礎となる技術解説も入っているでしょうが、それだけではありません。キャリアがない人でもマニュアルを実践するだけでそれなりの売上をつくれるよう、自社のトップ営業マンたちが練り上げてきた、まさに「虎の巻」なのです。

売れない営業マンのほとんどは、このマニュアルを軽視していると感じます。

他社での営業経験がある場合などは特に、「マニュアルなどなくても分かる」とばかりに独自の営業スタイルを貫こうとしがちです。もちろんそれでトップ営業マンになれるのならまったく問題ないのですが、「虎の巻」を無視してでも売れるほどの天賦の才がある

人など、本当に一握りだと思います。少なくとも私は、会ったことがありません。

郷に入っては郷に従え。新たな会社に入ったなら、一度自分のキャリアをリセットするつもりで、まずはその環境で推奨されているノウハウを徹底的に叩き込むというのが、成功への近道です。

マニュアルを前にしたとき、売れない営業マンは必ずといっていいほど、自分に合うやり方ばかりを選び取り、自己流でアレンジしようとします。

そうして実践に出て、売れないと、「教えられたとおりにやっているのに、うまくいかない」と文句を言います。

マニュアルどおりにやらず、教えも守っていないのに、マニュアルが悪い、指導者が悪いと愚痴をこぼし、責任を他へと転嫁する……。そうした他責の発想も、売れない営業マンの典型的な傾向です。

なぜ、自分に合うやり方ばかり選んでしまうのか。

他者からのアドバイスや教えに対し、人は半ば無意識に、「できそう」「できなさそう」という二つに仕分けしています。そして「できそう」なほうを心地いいと感じ、「できなさそう」なほうはやりたくないと感じます。

そして先ほど述べたとおり、脳はより楽で心地いい道、すなわち「できそう」に仕分けされた行動を選びたがります。その結果、なんとなく「自分に合っているだろう」と思ったやり方にばかり目が行くのです。

ただし、自分にとって「できそう」なことしかやらないなら、営業マンとしての成長はありません。

・マニュアルを素直に受け入れ、そのまま実践する

私はこれまで、何百人もの営業マンを指導してきましたが、その経験から断言できるのは、「素直な性格の人ほど、売れる」ということです。

マニュアルに関しても、「ここに書いてあることはすべてやってほしい」と言われ、素直にそれを一から十まで徹底的になぞる人のほうが、機転を利かせて自己流にアレンジする人よりも、圧倒的に早く成長していきます。

マニュアルに書いてある内容を、そのまま実践すればいいだけなのですから、本来なら

難しいことなど何もありません。特殊な才能や高い営業技術がなくとも、ひたすらマニュアルに忠実に仕事をしていけば、それだけで成績は一定以上の水準に達するはずです。逆にいえば、マニュアルとはそのために存在しています。

ただし、マニュアルをすべて暗記しても、初回の営業から完璧な成果が出るわけではありません。そこに書いてあることが身体に染みこみ、自然にこなせるようになってから、成績につながっていきます。

ですから、まずは徹底してやり続けることです。

「できそう」と感じたものは、最初は結果が出なくとも、辞めてはいけません。

私が「5回の法則」と呼んでいる経験則があります。

新しい営業手法や、新商品の営業など、初めて試すことは、どんなに完璧にマニュアルを暗記していても、5回はうまく行かないもの。手ごたえを感じるのは、6回目以降です。

ですから私は、できる限り早く5回のトライアルを済ませるように心がけています。

最初うまくいかずとも、「5回の法則」を思い出し、ひとまず6回続けてみてください。

マニュアルを読み、「できなさそう」と感じたものは、5回、10回とこなしてもなかなか結果につながりづらいでしょうが、それでも実行しなければなりません。

克服のコツとしてはまず自分の苦手意識を少しでも軽くするため、こなすべき理由を徹底的に掘り下げていきます。苦手という感情を、理論で上書きするのです。

指導者に対して「これを伝えたら相手が気分を害する気がするのですが……」「こんな言い方をすると嫌われてしまうと思うのですが……」「もっと効率的なやり方があると思ってしまうのですがどうしてここまでやるのですか?」「どうしても腑に落ちないのですが……」などと、思ったことをぶつけて納得していくのが近道です。

思った事もぶつけずに納得しないまま、嫌々続けても相手には伝わりません。

そして、さすがにマニュアルに書いてあるあらゆることを、最初から全部説明してくれるような人はいません。また、やってみて初めて腹落ちする部分もあるでしょう。指導者に問いかけるのは、あくまで「できなさそう」「やりづらい」ところのみにしたほうが、自分としても効率的に必要な力を身につけていけます。

⑨自分の話ばかりする

・口下手なほうが、営業に向いている

営業という仕事に対し、「口が達者なほうが、成功しやすい」と考えている人は、多いのではないでしょうか。

実はこれは、典型的な誤解です。

むしろ口下手なくらいのほうが成功しやすいと、私は考えています。

実際に、私がこれまで指導し、1000万円以上稼ぐようになった営業マンのほぼ全員が「口下手」でした。その一方で、お笑い芸人のような話術があるのに売れない営業マンを、たくさん見てきました。この事実をとっても、口が達者であることは一流になるための必須条件ではないといえます。

私の経験上、最初からしゃべりに自信がある人は、それを使って契約を取ろうと躍起になるあまり、「しゃべりすぎる」傾向があります。

営業マンにとって真に重要なスキルは、話術ではなく、コミュニケーションです。そしてコミュニケーションとは、相手との会話のキャッチボールで初めて成り立つもの。わが身に置き換えて考えると分かりますが、一方通行で話してばかりいる人よりも、「自分の話をきちんと聞いてくれる人」のほうが、信頼できるはずです。

口下手な人は、自分がしゃべらない分、相手の話に耳を傾けるのが得意であることが多いです。そうしてお客さまの話をしっかりと聞き、その心がくみ取れるからこそ、最適な商品を提案でき、契約を預れるのだと思います。

したがって、営業マンという仕事の適性という点でいえば、「口が達者」よりも「人の話をよく聞ける」という能力のほうが、はるかに有用といえます。

もちろん口が達者なこと自体が悪いわけではありません。「しゃべりすぎる」という問題の根は、もう少し深いところにあります。

・自己中心的なうちは、成功できない

話術に自信があり、お客さまを口で丸め込もうとするような営業マンは、間違いなく

「自己中心的」です。そうして自分にしか意識がいかないからこそ、言いたいことを一方的に伝えるばかりの「しゃべりすぎ営業」しかできないのです。

自己中心的であるというのも、売れない営業マンの多くに共通する特性といえます。

ではなぜ自己中心的ではいけないのか。

例えば、ファミリーレストランで商談をしている際、クーラーの冷気が直にあたり、お客さまが寒そうにしているのに、営業マンが夢中でしゃべり続けていたらどうでしょう。お客さまの飲み物が空でも、予定よりも時間が経っていても、お構いなしに営業トークを繰り出すばかりの営業マンを、お客さまはどう感じるでしょう。

そんな営業マンから、すすんでモノを買いたいと思う人がいるでしょうか。

自己中心的であることの大きな問題点は、相手から信頼されないところにあります。

自分にしか興味がなく、自分さえよければいいという思いが態度に表れているような人間を、信頼できるはずはありません。

一流の営業マンは、常にお客さまの役に立つこと、周りの人の利益になることを考えています。自分を中心とした視点ではなく、他人のために何ができるかという視点から、物事を考えていきます。

そうして他者の役に立つためには、まずその人が困っていることや悩んでいることを知らねばなりません。だから自分がしゃべるより、相手の話をじっくりと聞くのです。

お客さまに対してだけではありません。1000万円を稼ぐような営業マンは、周囲のあらゆることに気を配っています。

会社のシュレッダーのゴミが満杯なら、率先して取り換える。トイレットペーパーがなくなりそうなら、替えを用意する。フロアにゴミが落ちていれば、拾う。元気なあいさつを欠かさない。「きっと自分以外の誰かがやってくれる」という考えは存在しません。

そういった行動をすべて、自分のためではなく、他人のために行っています。

よりシンプルに表すなら、「一流の営業マンは気遣いもまた一流」だということです。

もし自分のことを、「自己中心的である」と感じるなら、まずは次のリストを習慣化していってほしいと思います。

・笑顔でしっかり、挨拶する

・職場の整理整頓を意識する
・お世話になったら、すぐに感謝を伝える
・言葉遣いを、ていねいにする
・時間は厳守する（10分前行動）
・大小にかかわらず約束を守る
・人の話は最後まで聞き、遮《さえぎ》らない
・人を否定しない
・常に相手の立場になって考える
・どんなことも、人のせいにしない
・見返りを求めず、ただ尽くす

基本的なことではありますが、積み重ねていくほど、人から信頼されるためには何が必要か、分かってくるはずです。

⑩言われたことだけやる、欲がない

・強気な目標を掲げつつ、お客さまのために仕事をする

営業職の魅力の一つは、インセンティブでしょう。「売った分だけ給料が増えていく」という給与形態を採っている営業会社は多く、私の経営するライヴトゥリリーフ株式会社も同様です。そんな背景から、収入を上げることを一番の目的に、営業の世界に飛び込んでくる人がよくいます。

ただ、もちろん誰もが高収入を得られるわけではありません。最初のうちは熱意に溢れていても、売れない期間が続くと意気消沈し、次第にやる気を失っていく営業マンを、私は何人も見てきました。

そうして情熱を失った売れない営業マンが行きつく先は、「言われたことだけやればいい」「食べていければそれでいい」というあきらめの境地です。

せっかく営業という夢のある世界に入ってきたのに、最低限の安定を求めるようになっ

てしまうのは、とてももったいないことです。

たとえ売れない日が続いても、あくなき成長欲をもち、強気なくらいの目標を掲げる人が、営業の世界に向いています。

営業成績でトップを取る。前年度の数字を上回る。史上最年少で管理職になる。他のメーカーのシェアを奪う。そうして具体的なビジョンを描きながら仕事をしていると、成長のスピードが速いですし、働くモチベーションも保てます。

ただし、営業マンの役割はあくまで「自社の商品やサービスを通じ、お客さまの悩みや課題、欲求を解消して、理想とする未来を提供する」ことにあります。それを忘れ、自分の成績や収入を上げるためだけに仕事をすると、前述の自己中心的な営業マンとなり、いつまで経っても一流にはなれません。

個人としては数字や成績といった具体的な目標をもちつつ、常にお客さまのために仕事をすることが理想的といえるでしょう。

年収１０００万円を稼ぐような営業マンたちは、仕事を自らの使命としていると感じます。商品やサービスにより、将来が明るくなる人を一人でも増やす——。そんな思いで働いています。

使命の大切さについて、次のような寓話を知っているでしょうか。

とある旅人が、道中で石を積んでいる3人の職人に出会い、それぞれに「何をしているのですか」と尋ねました。1人目は「親方の命令で、石を積んでいる。暑いしもうやりたくない」と愚痴をこぼしました。2人目は「ここに壁を作っている。仕事は大変だけど、おかげで家族を養えている」と淡々と話しました。そして3人目は「歴史に残る大きな教会を建てているんだ。多くの人に安らぎをもたらす偉大な仕事に携われて幸せだ」とうれしそうに言いました。

1人目の職人は、作業として嫌々石を積んでいます。2人目は、家族を支えるという役割をこなすべく仕事をしています。しかし3人目は、教会を建てるという大きな目標に向かい、人々の安らぎの場をつくるのを自らの使命として働いています。それにより毎日モチベーションが高くいられ、石を積むほど幸せを感じるのです。

営業マンも同じで、自らの仕事の本質を理解し、それを使命と思えるようになったら、ずっと成長を続けていけるでしょう。

コラム① 私が天職と出会うまで

私は今でこそ保険代理店の経営者という立場ですが、もともとは大手菓子メーカーのサラリーマンであり、そこから心機一転で営業の世界に飛び込みました。

そして一介の営業マンとして、営業に関わるあらゆる悩みや嫌なことを経験し、多くの壁を乗り越えて、現在に至っています。

その意味で私は決して営業のエリートなどではなく、トライアンドエラーの泥臭い積み重ねによって、実力を磨いてきました。

幾千の失敗があったからこそ、そのなかから営業マンにとって真に必要なエッセンスを抽出することができ、本書の執筆につながっています。

コラムでは、そんな私がいかにして営業の道に入ったのか、どのような経験をして、ここまで歩んできたのかを、綴っていきたいと思います。

column

私の営業マンの基盤がつくられたのは、思えば大学時代だったかもしれません。

お客さまに対する礼儀作法、常に気を配り相手の気持ちを推し量ることなど、学んだことは多かったと感じます。

ただ、当時はそんな意識はなく、営業マンになろうなどと考えたこともありませんでした。

きっかけは、部活です。高校時代からハンドボールをやっていたのですが、大学時代は「厳しい部活に青春を捧げるのではなく、もっとゆるく過ごしたい」と思い、最初はテニスサークルに入りました。しかし1カ月後に、高校からつながりのあるハンドボール部の先輩に見つかり、「何をやってるんだ、お前がいるところはここじゃないだろ」と、セーターを掴まれて体育館に引っ張っていかれ、観念して再びハンドボール部に入りました。あこがれのキャンパスライフは遠のき、高校時代のような体育会系の世界に再びどっぷりと浸かることになったわけです。

入ってしまったからには、覚悟を決めねばなりません。

一生懸命にやり、2年になる頃には部でそれなりに目立つ選手となっていました。そうやって、甘い青春を捨て、汗の臭いにまみれた体育会系の生活を送ったことが、財産となりました。上下関係や礼儀作法、気の使い方が徹底的に刷り込まれたことで、社会人になってから、上司やお客さまといった人生の先輩たちから目をかけてもらえたのです。

私が就職に選んだのは、大手菓子メーカーでした。それも体育会系のつながりのなかからきた話であり、OBに人事課長の知り合いがいて、ご挨拶にいったらすぐに最終面接をする運びとなって、入社できました。

大手菓子メーカーで最初に配属されたのが、北海道札幌市。配属面接で「自転車で走るのが好きで、卒業旅行は鳥取に行きました」というような話をしたところ、

「社会人になったらどんな所を自転車で走ってみたい？」と人事から聞かれたとき、「北海道は景色もきれいで気持ちよさそうですね」と答えると面接

column

は終了。その後、軽い感じで北海道への配属が決まったのです。

新人は、まずはスーパー回りから。そうした当時の方針に基づき、北海道支社での配属先は、スーパーやコンビニエンスストアといった店頭の売上を伸ばすことを使命とした法人営業部でした。

北海道にいた8年の間には、本当に多くの学びがありました。

店頭を回り続けたからこそ、商品のリアルな動きや、催事に対する反応といった、消費者の具体像を把握できたのが、後のキャリアに大きな影響を与えました。

営業成績は、菓子問屋からお店にどれだけ納品されたかで判断されましたが、幸いにもそれが前年を下回ることは一度もなく、担当企業での売上をつくることができました。その実績を評価してもらい、30歳で本社の企画部へと転属となりました。

あらかじめ本社から打診があり、花形の流通企画部という全国大手のスーパーやコンビニエンスストアの本部を担当する営業をマーケティング面でサポートする部署に配属されました。

そこで数カ月、業務をこなしていくうちに「会社がより上のステージに行くための鍵は店頭にある」と感じ、当時、まったく注目されていなかった市場開発という部署に手を挙げてみたところ「やってみろ！」と上司からお言葉もいただき、転籍することになりました。

そして実は私には、入社した当時からの野望がありました。

いずれ、会社の社長となってみせる。なかなか大それた目標ですが、入るからにはトップを目指すと本気で思っていました。

出世コースに乗るためには、より注目を集める実績が必要です。大部隊の中に入ってしまえば、必然的に存在が目立たなくなりますが、注目されていない部署で実績をつくれば、必ず注目されるでしょう。

結局のところ自分の人生ですから、未来を切り開くのも、環境を変えるのも、自分次第です。全力を尽くし、自分を試したい。そんな思いがありました。

［第2章］

思考が変われば行動が変わる
結果につながる営業マンのマインド10

①大切なのは「目の前の人にどう貢献するか」

営業マンに必要なマインドを語るうえで、最初に挙げておきたいのは、「営業の本質」といえる最も大切な部分です。

重要なので繰り返しますが、営業マンの役割は「自社の商品やサービスを通じ、お客さまの悩みや課題、欲求を解消して、理想とする未来を提供する」こと。

営業マンなら必ず突き当たる、成績やノルマといった「越えねばならぬ壁」があるのは十分理解していますが、それに振り回されて数字ばかりを追うようになると、お客さまからの信頼が失われていき、必死に働いても成績が伸びない状態に陥りがちです。

そんな際には、原点を思い出さねばなりません。

自分は、お客さまのために働けているか。

お客さまの悩みや課題に、寄り添えているか。

本当に大切なのは、数字ではありません。

目の前のお客さまに対し、営業マンとして貢献すること。ただその一点のみです。

保険営業の世界でいうなら、保険に興味がなかったり、保障が不十分な保険にしか入っていなかったりする人に対し、資産形成の必要性を説き、本人が叶えたい未来に必要な分の備えを用意するお手伝いをして、人生の不安を一つ取り除くという貢献をするのが、営業マンの目指すべきことであり、決して契約そのものが目的ではないのです。

そうした姿勢でいると、数字のもつ意味も変わってきます。営業成績が、ただの給料の指標ではなく、お客さまに貢献できた数と思えるようになり、大きなやりがいが生まれるのです。

これがきれいごとに聞こえるうちは、残念ながら一流営業マンのマインドに届いていない証拠です。

人間が最も幸せを感じるのは、自分のためより他人のために行動して役に立ったときであるというのが、科学的にも証明されています。

カナダのブリティッシュコロンビア大学の研究では、人間は生まれつき、他者に何かを「与える」ことで幸福を感じるようになっているといいます。2歳未満の幼児でも「自分が人に何かをしてあげたときに、してもらったときよりも強い喜びを示す」と分かっているそうです。他にも、自分よりも他人のためにお金を使ったときのほうが脳にある報酬中枢が活性化され、幸せな気持ちになるなど、数々の研究が発表されています。

営業業界に飛び込んだばかりなら特に、「お金のために働く」という人もいるでしょう。しかし仮に大金持ちになっても、周囲に自分を慕ってくれる人がいないなら、幸せにはなれません。超高級車を買えても、無人の荒野で乗り回して、果たして楽しいでしょうか。人は結局、人との関わりの中でしか幸せを見つけられないものです。喜びや悲しみを共有してくれる他者があってこそ、初めて幸せを感じられるのです。

人が自分を認めてくれた。お客さまの役に立ち、「ありがとう」という言葉をもらった。自らの努力で、お客さまの人生が幸せになった。そうした際に感じる喜びが、幸せの根源です。

このような視点から考えれば、営業という仕事を通じて「お客さまを幸せにできた」と感じられる営業マンは、自らの人生もまた幸せにしているといえます。

②勇気を出し、パワフルに行動する

私の人生には、恩師と呼べる人が何人かいますが、なかでも特にお世話になったのが、保険の世界ではばたくきっかけをつくってくれた、日本生命時代の上司である鈴木健太郎さんです。

鈴木さんはまごうことなき一流営業マンであり、そんな実力者に鍛えられたからこそ今の私があるのですが、彼がことあるごとに口にしていたのが、次のセリフです。

「自分たちの1本の電話が、その人の人生を変えるかもしれない」

この言葉に、何度勇気をもらったことでしょう。

駆け出しのころは特に、営業の電話1本でも緊張するもの。友人や知人に営業をかけるのも気が重く、一歩踏み出す勇気がなかなかもてないと思います。かくいう私もそうでした。

そんなときこそ、鈴木さんの言葉は心に響きます。

保険という商品には、嘘がない。欠陥もない。契約すれば間違いなく、内容分の保障が得られ、万一のことがあれば生活を支えるお金が支払われる。それを広めていくのが、悪いことのはずがない。自分が少し勇気を出し、声をかけたことで、人生が変わる人がきっといる。救える人がいる。だから胸を張って、営業に出かけよう――。

そのように考えて、私は勇気を出していました。

今では、保険営業が人を幸せにするという自分なりの確信がもてたため、昔のような恐れはなくなりました。個人的な用事で会う人々に対しても、「この人の保険環境はどうなっているのだろう」と気になって仕方がなく、どうしても聞いてしまいます。

最近では、小まめに連絡をくれてメンテナンスの情報などを教えてくれる自動車ディーラーの整備担当の方に対し、感謝の替わりとしてライフプランのアドバイスをしました。もちろん始めから契約が目的で話をしたわけではありません。あくまで日ごろ気にかけてもらっているお礼として、自分の専門分野の知識をお伝えしただけなのですが、その人は結果的にお客さまになってくれました。

営業という仕事を通じ、相手を幸せにできるなら、それは紛れもなく「正しい行い」なのですから、下を向く必要はまったくありません。むしろいつも胸を張り、進んで声をかけ、パワフルに行動することが、相手への貢献につながるのです。

③失敗は自分の責任、成果は周りの人のお陰

売れない営業マンも含め、いわゆる「仕事ができない」といわれる人に典型的に多いのが、「私は悪くない」という責任転嫁です。

売れないのは、商品が悪いからだ。お客さまが、全然分かってくれない。マネージャーが教えてくれなかった。会社のせい、世の中の不景気のせい……。

この発想は、自分の成長を阻む最大の要因の一つであり、責任転嫁の数が増えるほど、成功から遠ざかっていきます。野球で例えるなら、「道具が悪い」とバットやグローブをいくら替えても、実力は上がらないでしょう。

逆にいうと、常に成果を出している人は、あらゆる問題を「自分ゴト」として捉える習慣をもっています。

売れないのは、商品の魅力を伝えられていない自分のせいだ。自らの力不足で、お客さまに関心をもってもらえなかった。マネージャーにもっとよく聞いておくべきだった。実

績をつくれず、会社に申し訳ない。不景気でも売っている人はたくさんいるのに、なぜ自分はそれができないのか……。すべて自分が源だ。

こうした発想が、成長の原動力となります。

問題が起きたとき、それを人のせいにして得られるものは一つもありませんが、「自分ゴト」として反省し、改善すべき点を見つけていけば、問題を乗り越えるたびに成長していきます。

社会が悪い、コロナが悪い、世の中が不景気といくら唱えたところで、状況は何も変わりません。現に当社は新型コロナウイルスが蔓延した２０２０年は過去最高収益となりました。

人や周りのせいにしている暇があったら、今の環境で自分ができることは何か、環境を変えるにはどうすべきかを考えるべきです。自分の人生に責任をもてるのは自分だけなのですから。

また、責任転嫁を繰り返す人には、成果が出ると全部自分の力であると思い込む傾向があります。それもまた、「仕事ができない人」にありがちな発想です。

世の中のあらゆる仕事は、人と人とのつながりのなかで成り立っています。最初から最後まで、一人で完結できる仕事など存在しません。例えば芸術家などは、「一人でもできる仕事」と勘違いされがちですが、どんな優れた画家であっても、誰かに認められ、絵をお金に変えねば生活できません。絵具や筆、キャンバスを作る人も必要でしょう。インターネット上での株取引で生計を立てている人も、取引システムを運用してくれる人、ネット環境を維持してくれている人など、膨大な数の人がいなければ、途端に食べていけなくなります。

営業の仕事もまた、一人ではできません。事務処理をしてくれる人や、商品の作り手、商品を保証し、給料を支払ってくれる会社などがあって初めて、営業に出かけることができるのです。

一流の営業マンは、その本質をよく理解していますから、成果を出してもおごるようなことはなく、周囲への感謝を忘れません。そのような姿勢が、自分の仕事を支えてくれている人たちからの協力を引き出し、結果的に生産性を高めているのです。

失敗は自分の責任、成果は周りの人のお陰。

これこそが成功者のマインドであり、徹底的に自らに刷り込んでほしいと思います。

④失敗は「筋肉痛」と同じ

私はこれまで、幸いにも成果を上げてくることができましたが、自分に営業の才能があると思ったことはありません。「日本生命の営業マンとして、週２件以上の契約を１１３週連続で達成」など、成績だけとればエリートのように見えますが、その裏では、それこそ段ボール何箱分もの量の案件のお断りを受けました。

保険の営業マンに対する風当たりの強さに慄《おのの》き、プレゼンに連敗し、クーリングオフで落ち込み、鞄を持つ手に豆ができ……。「前の職場に戻りたい」と後悔した夜もあります。お客さまに裏切られたり、白い目で見られたりといった、営業活動に関わるあらゆる嫌なことを、全部体験したと自信をもっていえます。

その経験があるからこそ、嫌なことすべてへの対応策を見つけられました。そうやって蓄積したノウハウをマニュアル化したのが、本書の執筆へとつながっています。

ここで断言しておきたいのが、「すべての苦難は、必ず自分の力になっている」ということです。

仕事で当たる壁や、苦しいこと、つらいことは、いわばトレーニングのようなもの。後には必ず筋肉痛という痛みが残りますが、それが癒える頃には、自らの身体は確実に以前より強くなっています。

そしてトレーニングにおいては、負荷が大きいほど、身体がより強く生まれ変わります。営業活動でも、突き当たった壁が高いほど、乗り越えたときの成長は大きくなりますし、つらく苦しい思いをした分、技術も心も磨かれていきます。

どんな仕事であっても、つらいことや苦しいことはあるものです。

それに対し、あきらめてしまうか、それとも乗り越えていくか。

山登りでは、急な坂道を登り切って初めて視界が開け、すばらしい風景と出会えます。平らな道をいくら歩んでも、その絶景は見えません。

人生も同じで、楽な道の先には、残念ながら成功の頂はありません。

どのような苦難も、必ず自分の力になると信じ、あきらめずに足を進めるのが大切です。

⑤人の評価より自分を信じる

一流の営業マンは、常に自信に満ち溢れているものです。

お客さまからしても、不安そうな営業マンより、自信のある営業マンのほうが信頼できますから、自信の有無は成績にも関わってくるポイントといえます。

実際に、自信のなさが原因で成績が伸び悩んでいる営業マンを、私は何人も知っています。

自分に自信がないことの一番の問題点は、自らの判断や行動を信じられず、他人の評価に振り回されてしまうところにあります。せっかくいい営業のアイデアがあっても、人から反対されればすぐにあきらめ、お客さまにも一度断られれば自分という存在を否定されたような気がして、落ち込みます。

周囲からの評価というのは、確かに参考にはなりますが、それにすべてを委ねてしまうようだと、いつまで経っても本物の自信は手に入らないでしょう。

そもそも人の評価というのは、一定ではありません。

成果を上げ、それが誰かから評価されれば、自信になることもあるかもしれません。しかしそれは、「特定の仕事において、特定の人が評価してくれた」という状況であり、不安定なものです。例えばそこで自分よりも仕事ができる人が現れたなら、途端に自信を失ってしまいます。

結局のところ、人の評価にこだわるというのは、自分という人間の価値を肯定できていないのだと思います。

人の評価だけで、自分という人間の価値が決まることはありません。

人生で、最終的に自らの価値を決めるのは、自分自身しかいないのです。

⑥「職業」「会社」「商品」、三つの愛がそろえば無敵

ではどうやって、他人から何を言われようと揺るがぬ自信を築いていくか。

ポイントとなるのは、「三つの愛」を育むことです。

まずは、営業という「職業」に対する愛。

自社の商品やサービスを通じ、お客さまの悩みや課題、欲求を解消して、理想とする未

来を提供できる、自らの電話一本で、相手の運命が変わるかもしれない。そんなすばらしい可能性を秘めた仕事を愛し、誇りましょう。

続いては、「会社」への愛。

今の職場に満足しているなら、きっと会社への愛着があるはずです。「この会社で働けてよかった」という思いを常に持ち続けてください。もし会社への愛着が薄いなら、自ら率先してリーダーとなり組織を変えていくべきです。辞めるのは簡単ですが、次に働く職場でもまた同じことが起きる可能性もあります。そもそも、一度入った会社を簡単に辞めてしまうような人には、「会社」への愛を抱くのが難しく、売れる営業マンへの道は遠のきます。よほどのことがない限り、少なくとも3年以上は、職場環境改善の努力を積み重ねていくべきです。その過程で、必ず会社への愛着が湧いてくるでしょう。

最後は、「商品」に対しての愛です。

当然ながらどんな商品でも、人の役に立つ部分があります。だからこそ、それを買おうという人がいるわけです。自分の取り扱う商品の価値を信じられなければ、本気で勧めることができず、その本音は必ずお客さまに伝わります。しっかり商品の価値を見極め、そこに愛着をもちましょう。

これら三つの愛がそろえば、常に自信に満ち溢れた営業マンでいられるはずです。

ただし、三つの愛はすぐに育つものではないと思います。営業マンとして経験を重ね、成功体験をするなかで、育っていきます。

経験が浅いうちから、それなりの自信をもつためには、結果よりも過程に重きを置いて考えるといいでしょう。

契約には至らなかったけれど、自分はお客さまのためを思い、最善の提案をした。やるべきことを、やりきった。そうした自分に対する評価は絶対的なものであり、結果や周りがどうであろうと揺らぎません。そうして自らのなかで自信を育むといいでしょう。この三つの愛を大切にして努力を積み重ねた結果、一つでも愛が欠けてしまい三つがそろわなくなったとき、自分の働く場を変える選択（＝転職）を考え始めてもいいかもしれません。

⑦「いい人」「いい奴」になれば、自然に成績がアップする

私がよく社員たちに言っているのが、「成績を上げたければ、いい人になれ」というこ

とです。

ここで、あなたの身の回りにいて「あの人はいい人だ」と言われている友人知人を思い浮かべ、その理由を考えてみてください。

人の悪口を言わない、いつも温厚である、嘘をつかない、やさしい……さまざまな理由があると思いますが、そうした要素は結局のところ「人の気持ちを大切にする」ということに、集約していくのではないでしょうか。

売れる営業マンになるための条件も、実はまったく同じです。

お客さまの気持ちを大切に、親身になって相談にのり、自分の利益など二の次に、相手の幸せのために行動する——。そんな営業マンは、たとえ営業技術が拙くとも、口下手でも、いずれ必ず売れていきます。

営業マンの「いい人度合い」がはっきりと表れるのが、紹介営業の数です。「いい人」であるほど紹介が重なり、一流ともなれば紹介だけで半年先までのスケジュールが埋まります。

成績が振るわなかったり、ノルマをこなせず悩んでいたりする営業マンの多くは、お客さまから少しでも「いい人」と思われようと必死にアピールしますが、その言動の出所が自らの利益を望む気持ちであったなら、それは「いい人のふり」にすぎません。

本物の「いい人」になるには、仕事でもプライベートでも、相手の身になって物事を考え、人の気持ちを大切にする必要があります。まずはいつも他人の気持ちに意識を向ける習慣をつけることです。

⑧攻めも守りも同じくらい完璧にする

営業といえば、「攻め」の印象がある人が、多いのではないでしょうか。

飛び込みで新規顧客を掴みにいったり、道行く人に声をかけて商談を持ちかけたりと、積極的な攻めの営業も、時には必要でしょう。

では、反対に「守りの営業」という言葉には、どんな印象をもつでしょう。具体的なイメージがあまりつかない人もいると思います。

守りの営業とは、既存顧客に対するフォローや、クレームへの対応、社内での事務仕事まで含んだ、直接売上に結びつかない活動を指します。

売れない営業マンによくあるのが、「攻撃は最大の防御」とばかりに、攻めの営業ばかりに注力し、守りを疎かにしてしまうことです。

契約は一度預ったら終わり。アフターフォローに時間を割くくらいなら、次の契約に全力を注いだほうが、成績が上がる。そのような考え方でいるとしたら、残念ながら一流の営業マンにはなれないでしょう。

なぜ、攻め一辺倒の営業スタイルではだめなのか。

それは、営業マンにとって最大の財産である「信頼」を貯《た》めることができないからです。

自分と契約してくれたお客さまを大切にして、アフターフォローにも手を抜くことなく、何かあればすぐに相談に乗るといった姿勢の営業マンは、フォローを重ねるごとにお客さまからの信頼を勝ち得ています。そうして信頼が溜まってきた結果生まれるのが、営業活動としては究極の効率を誇る、紹介営業です。

闇雲に１００軒、飛び込み営業をかけるより、自分を信頼してくれたお客さまからの一つの紹介のほうが、はるかに契約に結び付きやすいもの。実際に１０００万円を稼ぐような営業マンは、守りの営業も完璧にこなし、紹介を増やすことで営業効率を高め、より大きな利益を上げているのです。預る契約が多いにもかかわらず、社内の事務も完璧にこなすため、社内の事務員さんからの評価も高いのです。ただし彼ら彼女らは決して「紹介が欲しいからアフターフォローをしよう」などとは考えていません。自分と契約してくれたお客さまを大切に思い、契約後も変わらずに尽くしているだけです。

結局は、営業という仕事を通じ、お客さまを幸せにしようと本気で思っている人が、攻めも守りも完璧な一流の営業マンになっていくのでしょう。

⑨非効率を積み重ねた結果が効率

ここまでで、効率的な営業ということで紹介営業を挙げてきましたが、もちろん始めからそうぽんぽんと紹介がもらえるはずがありません。

すぐに最短コースを行けるほど、営業の世界は甘くないのです。

例えば新人で、営業先を会社が用意してくれているなら、それだけで感謝しなければいけません。営業マンにとって、行き先がないほどつらいことはないからです。

実際に私も、行き場をなくしたような営業マンが、時間を潰すためだけに山手線をぐるぐる回ったり、カラオケボックスに籠ったりしているのを見て、恐ろしくなりました。
　自分は絶対、そうはなりたくないと思い、攻めだけではなく守りの営業にも全力を注ぎ、今ある行き先を守ろうとしました。詳しくは後述しますが、お客さまから契約変更の要望があれば、書類のコピーを取って、すべての項目を記入し、「このとおりに書けば大丈夫」という完璧な見本を作成してから、渡しました。お客さまに渡すファイルを、いつも最新の情報に更新し、自分のプロフィールまで小まめに更新し、話題のきっかけの一つとしました。

　これらは誰に言われて始めたことでもなく、「今、自分に何ができるか」を考えた結果の行動です。こうした積み重ねにより、お客さまとの絆が生まれ、信頼が厚くなり、紹介営業へとつながっているのだと思います。

　売上につながらない守りの営業は、ともすれば非効率に思えるかもしれません。しかし実は、その非効率をどれだけやれるかが、後の営業成績を大きく左右するのです。

　守りの営業は、「どうやって時間をかけずにやるか」という発想ではなく、「どうやったらしっかり時間をかけて作業ができるか」を考えていかねばなりません。

大切なのは、効率は非効率を積み重ねた結果だということです。

⑩ご縁に逆らわない生き方をする

私が長年、営業という仕事に携わっていて思うのは、「ご縁がすべて」であるということです。新たなお客さまとの出会い、人から人へとつながっていく紹介の輪……。営業職でなければまず会うことのなかったお客さまたちと、時に親しくお付き合いさせていただいているのは、なんだか不思議な気持ちになります。

実は私は、営業の世界に飛び込む以前から、「ご縁に逆らわない生き方をしよう」と決めていました。それには私の過去が関係しています。

私の父は、破天荒な人（２００５年、60歳で他界）でしたが、ある日しみじみと、こう言ったことがありました。

「人生には、３回チャンスが来る。俺は全部逃してしまったけれど、お前は逃さないようにしろよ」

あまりに実感のこもったこの言葉は、私のなかに残り続け、以来「限られたチャンスを確実に掴むにはどうすればいいか」を考えるようになりました。

人間、一人では何もできないから、人生のチャンスは結局、人によってもたらされるだろう。それならば、あらゆるご縁を見過ごさず、拾い上げていけば、チャンスを逃さずに済むはずだ。それが私のたどり着いた結論でした。

以来、例えば経営者として飛び込みの営業マンとも全員会うようになったり、食事のお誘いに応じたり、おいしいラーメン屋さんを教えてもらったら必ず行ってみたりと、ご縁を掴み、ご縁に逆らわない生き方を心がけてきました。

詳しくはコラムで綴っていきますが、私が大手菓子メーカーを辞めて日本生命という異業種の会社に入ったのも、独立したのも、ご縁に逆らわなかった結果であり、まるで何かに導かれるように、今の自分が形づくられました。

営業の仕事は、ご縁によって広がっていきますから、ご縁を大切にできる人のほうが向いていると感じます。自分の利益やメリットばかりで人を判断せず、「この人と出会ったのもきっとなにかのご縁だろう」と考え、人脈を広げていってはどうでしょう。一見すると自分とは関わりのない世界にいる人から、思わぬチャンスがもたらされるかもしれません。

column

コラム② 私が天職と出会うまで

花形の本社企画部に呼び戻され、進んで人気のなかった部署に配属された私は、予想よりもはるかに部署が機能していないことに驚きました。

当時在籍していた社員2名と管理職1名も、最初はとても熱心とはいえず、のんびりしたペースで働いていました。主な仕事は、役員の資料作り。「全国のガソリンスタンドや書店の数を数えて表にする」といった事務的なものが多く、店頭でどんな仕掛けをすべきかなど、誰も考えていませんでした。

ただ、だからこそ自由にやれたという面もありました。

私が最初にトライしたのは、札幌時代の私のように店頭を回る営業マンに売り場の映像を撮ってもらい、リアルタイムで企画部や販売部と共有するというシステムの開発でした。

資料作りで接触の機会の多かった役員に直訴しましたが、私の提案力不足もあり、残念ながら企画は通らず、お蔵入りとなりました。

そうして企画部の一員として動いてみると、部内での人間関係の大切さがよくわかりました。組織では、企画のよしあしそのものより、発案者のことを認めているか認めていないかのほうが重要視され、認めない人間が出した企画なら、内容も見ずに反対するような人がたくさんいました。どんなにいい企画でも、部内に敵がいればあっという間に潰されてしまいます。

だからこそ私は、社内営業を大切にしました。それもまた、組織で働くサラリーマンにとって必要な能力であると考え、日頃から同僚たちに気を配り、喜んでもらうように努力しました。もちろん、打算のみでこうした行動をとっていたわけではありません。私は会社が大好きで、そこで働けることに誇りをもっていました。そんな私にとって、共に働く人々もまた大切であり、気を配るのは当たり前、喜んでもらえると自分もうれしい、という感覚でいたからこそ、本気で社内営業ができたのです。

とはいえ何も大それたことをしていたわけではありません。困りごとの相談には率先して乗ったり、働く仲間が舞台に上がってスポットがあたること＝

column

裏方に徹しました。

結果的に、次第に私を応援してくれる人が増えていったのは、ありがたいことでした。

この時の体験から、私は経営者となった後も、社内営業の大切さを部下に伝え続けています。

私が北海道時代に見たスーパーの店頭では、四六時中、何らかのイベントが開催されていました。節分、ひな祭り、母の日、父の日、七夕、お盆、七五三、ハロウィンやクリスマスまで、日本では本当にたくさんの行事があります。そして、お菓子メーカーや食品メーカーはそれを好機とすべく、自社商品と結びつけたさまざまなイベントを行ってきました。

その代表例が、バレンタイン。本来であればローマ皇帝の迫害を受け殉教した「聖ヴァレンティヌス（バレンタイン）」にちなんだ日なのですが、日本では「女性から男性にチョコレートを贈り、愛を伝える日」として有名です。ちなみにアメリカやヨーロッパでは、男女間でプレゼントを贈り合うなどの風習はありますが、「女性からチョコレートを贈る」という限定はありません。

ではなぜ日本にユニークな習慣が根付いたのか。諸説あるのですが、1960年前後にデパートでバレンタインセールが行われるようになり、そこでチョコレートメーカーが「バレンタインにはチョコを贈ろう」とキャンペーンを打ったのが発端ともいわれます。いずれにせよ、どこかでチョコレートメーカーが戦略的に仕掛けたのは間違いないでしょう。

他にも、大手食品メーカーがお正月に「おせちもいいけどカレーもね！」というキャンペーンを行った結果、正月のカレーの売上が大きく伸びるなど、自社商品の特性と年間行事をうまく組み合わせれば、大きな利益につながるのです。

「うちの会社も、もっと積極的にあらゆる行事に顔を出すべきだ。最初は多少、こじつけでもいい。新たな流行となるような、仕掛けはできないか……」

私は常に、アイデアを探していました。

column

そうして企画したのが、「父の日ガム」でした。

眠気が吹き飛ぶ強力ミントガムを3本セットにして、そこに「おとうさん、いつもありがとう」というシールを貼り、レジ横などに展開して売ってみたのです。

われながら斬新なアイデアだと自信をもって企画しましたが、「父の日」そのものの市場も大きくなく（「母の日」の1／10）、そこそこ売れたものの定例化する企画とはなりませんでした。

［第3章］

毎日の積み重ねは嘘をつかない 人生を変える営業の習慣8

①身だしなみを常に整え、自分への投資を怠らない

売れる営業マンを目指すうえで、最初に着手すべきなのは、身だしなみを整えることでしょう。

営業マンにとってなぜ身だしなみが大切なのか、ここで改めて考えてみます。

営業という仕事の一つの到達点といえるのが、どんな相手にも「あなたから買いたい」と思ってもらうことです。

「あなたから買いたい」と言ってもらえるほど自分という人間が信頼されれば、たとえどのような商品やサービスであっても売ることができるはずです。商品やサービスの魅力に加え、営業マン本人との間にできた信頼関係に応えるためにも、お客さまは契約を結ぼうと考えるのです。その意味で、取り扱う商品やサービスとともに、営業マン自身もまた商品であるといえます。

例えば車のショールームに、汚れている車や、いかにも使い古したような車が並んでいるでしょうか。どの車もぴかぴかに磨き上げられ、飾られているはずです。

住宅展示場で、外壁にひびが入っていたり、室内にホコリが溜まっていたりする住宅が並んでいるでしょうか。家々は常にメンテナンスされ、新築らしい佇まいを保っていると思います。

そこに来るお客さまとしても、それは当たり前のことであり、むしろ汚れやホコリがあれば減点の対象になってしまいます。

自らが商品である営業マンもまた、ショールームの車や住宅展示場の新築邸と何ら変わりません。営業マンの外見が整い、清潔感があるのは、お客さまにとっては当たり前。もしそこで身だしなみがだらしなかったり不潔であったりしたなら、実際の商品やサービスを見る以前に、買う気が失せてしまいます。

ここで、私が日頃から社員に行っている身だしなみチェックの項目を挙げておきます。

(1)靴がきちんと磨かれているか。踵《かかと》がすり減ってはいないか

(2)ワイシャツにしわや擦り切れがないか。汚れはないか

(3)スーツのズボンに折り目がついているか

(4) 鞄がくたびれていないか
(5) つめの手入れが行き届いているか
(6) 鼻毛や髭の手入れが行き届いているか
(7) 歯の手入れは行き届いているか。口臭はしないか
(8) 髪が整えられているか。伸びきっていないか
(9) 名刺入れがぱんぱんに膨らんでいないか
(10) 財布がレシートでいっぱいになっていないか
(11) 車はきれいに洗車されているか。車内は整理できているか

これを読み、もし「細かいな」と感じたなら、要注意です。この程度は、誰でもできる当たり前のレベルだからです。

売れる営業マンになってくると、高級スーツをさりげなく着こなし、靴やペン、ハンカチ、システム手帳、名刺入れに至るまで、良品を使うことにこだわるもの。それは自己満足のためではなく、お客さまに対し自分という商品を信頼してもらうための努力に他なり

ません。

いきなり高級品をそろえるのは難しいと思います。まずは量販店で売っているものでいいので、清潔感を重視したコーディネートを心がけるといいでしょう。

もし自分のセンスに自信がなければ、第一線で活躍している営業の先輩たちのコーディネートや色遣いを参考にするといいでしょう。

こうして仕事で使う服や小物をしっかりと買いそろえることは、営業マンに必要な自己投資であるといえます。

②素直に学び、貪欲に吸収する

第1章でも述べましたが、伸びる営業マンの大きな特質が、「素直である」ということです。

私が日本生命に在籍していた時代、兄貴分と慕う先輩の営業マンがいました。元銀行マンで１３００万円もの年収があったところから、保険の業界に飛び込んできた異色の経歴の持ち主で、とにかく仕事ができ、学ぶことも多かったです。

私が入社したときには、すでにトップセールスの道を走っていたので、多少のおごりがあってしかるべきですが、その人は一切おごることなく、保険営業マンとしてデビューしたばかりの私の朝礼での話にもメモを取り貪欲に自分の日々のセールストークに活かしていました。

渡されたマニュアルを違えることなく完璧にこなし、自社のあらゆる営業マンの話に耳を傾けてメモを取り、盗めるものはすべて盗んでいました。

結果的にその人は、今では年商数十億円の社長に上り詰めていきました。

今思えば「誰から」吸収するかではなく、自分の成長のために「何を」吸収するか焦点を当てて上り詰めていったんだなと思います。

そして、私の経営する会社でも、マニュアルを素直に吸収し、一から十までなぞるように実践していった社員たちが、いずれも年収2000万円近くのところまできています。その事例について、詳しくは終章で紹介していきますが、彼らもまた本当に素直で、言われたことを忠実にこなしてくれました。

貪欲さについていうなら、それが最も表れる部分が、商品に関する知識でしょう。保険営業の世界でいうと、保険会社各社の商品を手広く扱う保険代理店では、膨大な数の商品知識が求められます。また、商品の改訂があればいち早くそれを知る必要もあり、常に勉強が必要です。保険会社の担当への質問が多い人ほど成績を上げています。

そうして最新の商品知識を常に蓄えておくことで、お客さまのライフスタイルや要望に最もフィットした、オーダーメイドな提案ができます。それが保険のプロであり、一流の営業マンになるような人は、初めからそのための努力を惜しまないのです。

知識の修得は自分を信頼してくれているお客さまのためなのです。

③商談の結果は、事前準備で決まる

毎日のようにお客さまと会い、必死に営業をしていると忘れがちですが、本来お客さまの前に出るということは、ハレ舞台に立つようなもの。一つひとつの舞台を、大切にしなければなりません。

私は今でも、お客さまとお会いする前には、徹底した準備を行っています。

ロールプレイングを積み重ね、「ここでこんな疑問がきたら、ご理解いただくためにこの資料が必要だ」とシミュレーションしたうえで資料をそろえ、どんな方向に話が転んでも対処できるよう、思い付く限りの準備をしてから商談に臨むようにしています。私の感覚としては、「早く本番がこないかな」と楽しみになるくらいまで徹底的に準備できて初めて合格といえます。実際の商談では、用意した資料の3割も使わないケースがほとんどですが、だからといって使わなかった資料が無駄であるとは思いません。

事前準備を通じ、資料を用意する過程で、商品知識や最新の情報などが、自分にインプットされます。予期せぬ角度からの質問があっても、別のお客さまのために用意した資料の内容を生かして答えられることもあります。

「出たとこ勝負」で営業をしているうちは、一流にはなれません。本番が楽しみになるほど、徹底的に準備を行うことで、「どんな質問が来ても大丈夫」という自信が培われ、落ち着いた態度、はきはきした受け答えで商談を進められます。

それがお客さまの信頼につながるのは、間違いありません。

商談の結果は、事前準備で決まる。私はそう考えています。

契約に関わる商談にとどまらず、お客さまとお会いするあらゆるタイミングでも、しっかり事前準備をするのが大切です。

私が習慣化しているのは、契約しているお客さまに対し、契約成立後に加入一覧や保険商品ごとの設計書を見やすくオリジナルのファイルにしてお渡ししていますが、その後、訪問するたびに、加入した商品の運用状況や保障額の変更内容、自分のプロフィールシートを新しく更新してファイルを最新の状態にしています。

また、口座変更や名義変更の依頼があった際には、カスタマーセンターから変更書類を一式取り寄せてコピーし、お客さまになりきって、記載すべての欄を書き込みます。疑問があれば、カスタマーセンターに問い合わせるなどして解決したうえで、「写せばいいだけ」の見本を作っています。それによりお客さまは、ともすれば難解で分かりづらい書類の作成の手間が省け、変更がスムーズに進みます。カスタマーセンターから直接お客さまのご自宅に書類を手配する営業マンがいますが、お客さまにとって分かりづらい書類も多く、結果的にお客さまが書類作成（記入）を進められずに各種変更手続きが遅くなってしまうのです。

前述しましたが、非効率の積み重ねは結果的に効率につながるということです。

このことを忘れず、徹底的に事前準備を行う習慣をもってほしいと思います。

④縦型スケジュール手帳のススメ

一流の営業マンのスケジュールは、かなり忙しいもの。数カ月先までアポイントで埋まっていることもよくあります。ただ、周りで売れている人を見ても、いつも忙しそうに走り回っているようなことはなく、むしろ余裕すら感じないでしょうか。

逆に、常に忙しそうに頑張っている様子の営業マンでも、その割に成績が伸び悩んでいることがあります。

そうして明暗が分かれる理由の一つが、スケジュール管理の能力です。

たとえ営業の技術が高くても、スケジュール管理が下手であるとどうしても無駄な動きが多くなり、結果的に営業効率は下がっていきます。

スケジュール管理がうまくいっていない営業マンは「性格的に、細かいことは向いていない」などといって、管理をおおざっぱにしてしまいがちですが、それはきっとスケジュール管理がいかに重要なことか、理解できていないからです。

スケジュール管理ができていないと、お客さまのアポイントに遅れたり、納期を守れなかったりするというリスクが発生します。これらは、営業マンにとって最大の財産といえる信頼を失墜させる恐れがあり、最も手を抜いてはいけない部分です。

営業マンにとって、スケジュール管理は、営業成績に直結する技術の一つであり、丁寧に細かくやるのが当たり前という意識でいなければなりません。

お客さまとのアポイント、訪問先への移動時間、提案書類の作成、営業会議、日報作成や経費精算……営業マンの業務は多岐にわたりますが、数年がかりの長期プロジェクトが入るようなことは少なく、1日単位での動きが基本となります。したがって、1日を時間単位で細かく区切り、予定を詰めておく必要があります。

こうした営業マンのスケジュール管理で、私が活用を勧めているのが、縦型スケジュール帳。1日のスケジュールが時間単位で記入でき、週間バーチカルタイプとも呼ばれています。時間管理を徹底して行うなら、これ以上の手帳はないと私は思います。

縦型スケジュール帳の大きなメリットは、30分、1時間といった単位でスケジュール管理を行うことで、1週間の行動が一目で把握できるところにあります。空き時間もあらかじめ分かり、1日を有効に使えます。私は、仕事だけではなく休日の予定も同じように管理しており、もはや手放せない存在です。

周囲を見ても、結果を出している営業マンの多くが縦型スケジュール帳を使っていますから、もしまだ持っていないなら、一度試してほしいと思います。ちなみに私はモバイルのスケジュールは使っていません。自分でつくり上げている感がないからです。

⑤自分の「対前年比」を常に意識する

営業マンにとっての通知表である、給与明細。特にフルコミッションの世界では、契約本数がそのまま金額に反映されるので、手ごたえのあった月には明細を見るのが待ち遠しいものです。

私の会社では、みんなで集まって、給与明細を手渡ししています。私から金額を公表するようなことはしませんが、社員たちは互いの明細を学校の通信簿を見せ合うように、一喜一憂しています。それによって、モチベーションが高まっていると感じます。

営業という仕事において、負けず嫌いや競争心がポジティブに働くことは多いです。仲間との切磋琢磨をやる気に変えるというのは、とてもいい方法です。

　同じ会社の営業マンは、仲間であり、ライバル。そんな気持ちで、給与明細を用いて競い合うといいでしょう。

　ただし、給与の金額だけに囚われ、振り回されてはいけません。ここまで述べてきたとおり、お金を稼ぐこと自体が目的化してしまえば、自分の利益ばかり追求する売れない営業マンになってしまいます。

　自らの成長を確認するという意味で、月々の給与の金額からもう少し視野を広げ、前年度の自分よりも成長できたかを常に意識するといいでしょう。

　去年よりも、売上は伸びたか、人脈は増えたか、スキルアップできているか、人間力は高まっているか、プライベートは充実しているか、苦手を克服しているか、チャレンジしているか、担当している企業の業績を伸ばせたか、など……。そうして常に、以前の自分を超えているかを確認するのが大切であり、給与明細もその指標の一つとして使うようにしましょう。

⑥「3度のお礼」を習慣化する

例えば先輩営業マンから食事をおごってもらったら、その場でお礼を言うと思います。お客さまはもちろん、身の回りの人が自分のために何かしてくれたら、まずはお礼をするのは社会人として当然のことです。

しかし、売れない営業マンの中には、このお礼が満足にできない人がいます。逆に一流の営業マンは、徹底したお礼の習慣をもっています。

お礼は人間関係の潤滑油であり、「喜んでほしい」という気持ちで尽くしてくれた相手に対し、応える行為に他なりません。

私は、人に何かをしてもらった際には、最低3回のお礼をすると決めています。まずは、その場でお礼をいう。次は、翌日に手紙を書いたり、メールを送ったり、電話をしたりして、再度お礼を伝える。そして3度目は、再び会った際に「この前はどうもありがとうございました」と頭を下げる。そうしてしっかりと、感謝の意を伝えるようにしてきました。

お礼の本質は、感謝の気持ちです。

相手に対する感謝を常に忘れなければ、お礼の習慣も自然についてくるはずです。

周囲の人々に日々、感謝をしながら過ごすと、仕事がうまくいくようになります。

イギリスのウォーリック大学の研究では、幸福度の高い社員の生産性は12％も高いといいます。また、アメリカのカリフォルニア大学の研究では、幸福度が高い社員は、そうでない社員よりも創造性が86％高まると示されています。他にも、幸福度が高い人ほど仕事で結果を出しやすいという研究報告がいくつもあります。

また、相手に対し自分が何かしてあげた際に、しっかりとした感謝が返ってくれば、「喜んでくれたから、やってよかった。次もまた何かしてあげよう」と思えるでしょう。周囲への感謝を忘れないほど、周囲からもサポートを受けやすくなります。

感謝の心を忘れず、きちんとお礼を伝えていると、仕事だけにとどまらず、人生もまた豊かになっていきます。

経営の神様といわれた松下幸之助氏は、次のように語っています。

「すべて人間の幸福なり喜びを生み出す根源ともいえるのが、感謝の心。したがって、感謝の心のないところからは、決して幸福は生まれてこないだろうし、結局は、人間、不幸になる。感謝の心が高まれば高まるほど、それに正比例して幸福感が高まっていく」

感謝のないところに、幸福は生まれない。まさにそのとおりでしょう。

感謝とは、今ある幸せに対し生まれる感情です。何事にも感謝できるような人は、日々のあらゆることに幸せを見いだすことができます。ですからお礼という感謝の機会が多いほど、自らの幸福感が上がっていき、人間関係も潤滑になり、人生が豊かになるのです。

⑦社内営業を、軽んじてはいけない

サラリーマン時代から、私が常に意識してきたのが、「社内営業」です。

営業マンのなかには、社内営業に対して嫌悪感を抱いている人がいます。

「社内でぺこぺこするなんてみっともない」「同僚に媚びたくない」「業務とは無関係」「お客さまに気に入られていればそれでいい」……。その人なりの理由があるのでしょうが、結論からいうと、社内営業ができない人は、まず一流の営業マンにはなれません。

ここまでで、「営業マンは一人だけで仕事をしているわけではない。周囲への感謝の気持ちを抱くことが大切である」と述べてきました。1000万円を超える額を稼ぐような営業マンは、この点も徹底しています。わざわざ「社内営業」という言葉を使わずとも、自然に社内の人間関係を円滑にするような行動をとっているのです。

逆に、「社内営業など興味がない」とばかりに、同僚に気を使えないような営業マンは、周囲から自己中心的な人間であると判断され、個人的な協力を得られないのはもちろん、人間関係がぎすぎすしがちです。なかには、足を引っ張る「敵」も出てくるかもしれません。

その結果、思わぬところで業務が滞ったなら、一番の被害者はお客さまです。当然、印象は悪くなり、営業成績にも影響が出ます。

ですから、日頃の業務をスムーズに進めるためにも、社内営業は欠かせない要素であるといえます。

実際にどのような点を意識すべきかといえば、お客さまへの対応と概ね一緒です。

営業マンは、お客さまの心を掴むために、いろいろなことをするはずです。お客さまの家族構成や趣味、休日の過ごし方などの情報に基づき、プレゼントを贈るなどをしている人も多いでしょう。

その気遣いを、社内の同僚に対しても行い、お客さま同様に喜ばせるのです。

なにも、「常に同僚にぺこぺこしていよう」と言っているわけではありません。仕事をどんどん肩代わりして、甘やかす必要もありません。

気を配り、喜ばせる。それがなによりの社内営業になります。

大それたことをせずとも、お礼をしっかりと行ったり、誕生日にささやかな贈り物をしたり、出張の際には好みに合わせたお土産を買って来たりといった、細かな気配りの積み重ねで、社内における好感度は上がっていきます。

そうして応援者が増えるほど、自分の仕事の効率も上がり、お客さまに質の高い提案をすることへとつながっていきます。

⑧ストレスコーピングでストレスを軽減

営業にかかわらず、あらゆる仕事につきものなのが、ストレスです。

売れる営業マンも売れない営業マンも、ストレスを感じながら仕事をしているという点は同じですが、売れる営業マンのほうがストレスとうまく向き合い、常に良いコンディションを維持していると感じます。

日々のストレスと、どう付き合っていくべきか。

ストレスにうまく対処するやり方として、「ストレスコーピング」という方法があります。厚生労働省による生活習慣病予防のための健康情報サイト「e-ヘルスネット」でも取り上げられている、心理学的なアプローチ法です。

「e-ヘルスネット」の解説を紹介すると、ストレスコーピングは、ストレスの基である「ストレッサー」にうまく対処するためのものであり、大きく2つに分かれるといいます。

(1)問題焦点コーピング

ストレッサーそのものに働きかけて、それ自体を変化させて解決を図ろうとすること

(例：対人関係がストレッサーである場合、相手の人に直接働きかけて問題を解決する)

(2)情動焦点コーピング

ストレッサーそのものに働きかけるのではなく、それに対する考え方や感じ方を変えよ

うとすること（例：対人関係がストレッサーである場合、それに対する自分の考え方や感じ方を変える）

ストレス対処のポイントといえるのが、ストレッサーを「自分で解決できるもの」「自分ではどうにもならないもの」に分けて考えることです。

そして、自分の対処によりストレス解消できるなら問題焦点コーピング、自分ではどうにもならない場合は、情動焦点コーピングが適当であるといえます。

自分で解決できるなら、あとは行動するのみです。例えば時間にルーズでいつもイライラさせられる相手がいたら、時間を守るよう伝え、それで相手の行動が改善されれば、自分のストレスも消えます。

問題は、自分ではどうにもならない出来事への対処です。

例えば、時間に余裕をもって出たはずなのに、予期せぬ事故で道路が渋滞し、アポイントに遅れそうになったとしましょう。お客さまを大切に思う気持ちや、時間厳守の意識が強い人ほど、かかるストレスが大きくなります。

もし私がこうした状況に陥ったなら、どうするか。

先方への連絡や謝罪という対応は当然するものとして、ここで焦点を当てるのは、自らの心のもち方です。

自分がいくらイライラしたところで、渋滞は解消されません。

すでに目の前に起きている現実は、もはや変えようがないのです。

ただし、現実に対する自らの解釈は、いくらでも変えることができるはずです。

渋滞にはまったら、私は車が停車しているタイミングで、今週の商談のイメージトレーニングをすると決めています。そうやって自分でルールを定めて以来、渋滞の際には「今週の商談のイメージトレーニングをするチャンスがきた」と思えるようになり、以前のようにイライラしなくなりました。

つまり、渋滞というストレッサーに対する解釈を変えるという情動焦点コーピングを行った結果、ストレスが軽減しているわけです。

ちなみに私の知り合いの営業マンは、渋滞の際にはＮＨＫラジオをつけ、アナウンサーのきれいな発音を真似、美しい日本語の話し方を勉強する時間に充てているそうです。

他にも私は、「バスがなかなか来ないときは、ＬＩＮＥを返信する」など、いくつもの自分ルールを設けています。それらは結局、「自分ではどうにもならないもの」に分類されるストレッサーへの解釈を、他の仕事へと置き換えることで有意義に変える行為に他なりません。

ストレスを感じたら、その原因を分析し、自分で解決できるか考えたうえ、どうにもならないことであれば情動焦点コーピングによって解釈を変える。そうした習慣ができると、日々のストレスを軽減できるはずです。

コラム③　私が天職と出会うまで

「父の日ガム」が成果を挙げられず意気消沈しているなかで、私はさっそく次の企画を練りました。

しかし、アイデアはそう簡単にはおりてきません。

「なんとか、本社企画部にふさわしいスタイリッシュな企画をつくらねば……」

そんな焦りもあったせいか、なかなかいい企画が出せず、何もできないいま毎日を過ごし、次第に落ち込んでいきました。

するとある日、それを見かねた前職時代の恩師である部長（羽山紀彦さん）が、私に声をかけてくれました。

「あなたを本社に呼んだのは、札幌でやってきたことや、発見したことを、本社でもやってほしいからなんだ。だから気負わずに、あなたらしくやってみなさい」

思えば確かに、おしゃれでスタイリッシュな企画を立てるなら、もっとセンスがある人がたくさんいます。

「自分の武器は、誰よりも店頭で商品を触ってきたことだ」

そう気づいてから、私は札幌時代に何をやってきたのか、どんな学びを得たのか、あらためて振り返っていきました。

そんななかで私の脳裏に、ふと1枚の写真が浮かびました。

「確かここにあったはず……」

机の引き出しを開け、奥から取り出したその写真は、札幌時代に売り場で撮ったものでした。自社の主力チョコレートに「母の日にどうぞ」というPOPがついていました。参考資料として持ち歩いていた写真でしたが、私はそれに惹きつけられました。

「母の日の、子どもからお母さんへのプレゼント……、小遣いで買えるお菓子として、チョコレートでもいいんじゃないか」

一輪のカーネーションと真っ赤なパッケージのチョコレートを一緒にお母さんに手渡している子ども。そんなシーンがありありとイメージできました。

column

さっそく私は、母の日とチョコレートを組み合わせた企画をつくり、関連部署に呼び掛けていきました。それまで世の中のチョコレートといえば、茶色系のパッケージが常識でしたが、それをカーネーションのイメージと合う真っ赤な色に変えるというアイデアも出てきました。

「そんなのこじつけだ」「いくら子どもでも、プレゼントが１００円じゃ安すぎる」「気温が高くなる5月に溶けてしまうかもしれないものを渡したらイメージダウンだ」……。企画の実現前には、本当にたくさんの反対意見が出ましたが、だからこそ私は「成功するかもしれない」と感じました。反対意見の数が多いほど、それまでの常識にはなかった斬新な企画といえるからです。

母の日が迫ってくると、スーパーのお菓子売り場の一角が、チョコレートのパッケージで真っ赤に染まりました。結果的にチョコレートは飛ぶように売れていきました。そして、これまでずっと後塵を拝してきたライバル社の商品をついに追い抜いて、ジャンルにおいての売上1位を達成したのです。これは革新的なことであり、私としても胸のすく思いでした。ちなみにこの母の日キャンペーンは定番のイベントとして根付き、20年も続いています。

こうして自分の企画が成功し、会社からの信頼はさらに厚くなりましたが、私がそこで意識したのは、自分だけの手柄にしないことでした。

社内報を使い、店頭でこのマーケティングに協力してくれた営業マンや、感動的なコマーシャルを作ってくれた宣伝部の面々などの活躍を掲載し、自分だけで成果を上げたわけではないことを強調しました。そのように「お手柄分配」をするのも、社内営業の一環です。

常に謙虚でいて、周囲への感謝を忘れないからこそ、周囲もまた同じようなことがあった際に惜しみなく協力してくれます。実際にその後も、自社商品を使った「チョコレートフォンデュ」の提案など、ヒット企画を生むことができたのですが、それは同僚や関係部署が、快くサポートをしてくれたからこそ。人に尽くせば、結局それが自分に返ってくるのです。

そのように企画部で実績を積んでいる裏で、密かに私の名刺が他社へと出回っていたことを、その時の私は、知る由もありませんでした。

［第4章］

マインドと習慣を武器にいざ商談
YESを引き出すコミュニケーション9

①相手との距離を縮める「4つの相槌」を身につける

第1章で、売れない営業マンの特徴として「自分の話ばかりする」ことを取り上げました。そこで書いたとおり、一流の営業マンは、お客さまの話をしっかりと聞き、その心がくみ取れるからこそ、最適な商品を提案でき、ご契約をいただけます。

ただし、いくら必死に聞き耳をたてても、ひたすら黙っているだけでは、コミュニケーションとはいえません。それではお客さまも話しづらく、本音までたどり着かないでしょう。

お客さまに進んで話をしてもらうのに効果的なのが、適切な相槌を打つことです。相槌があると、それが「あなたの話をしっかりと聞いています」という意思表示になります。話の端々で相槌を入れることで、会話が双方向となり、相手の話をよりスムーズにひきだすことができます。

具体的には、次の4つの相槌を意識的に使うと、コミュニケーションが円滑になり、お客さまとの心の距離が縮まるはずです。

その1：同意の相槌

「そうですね」

「ごもっともです」

「私もそう思います」

その2：共感の相槌

「そうなんですか！」

「そうなんですね……」

「それは怒りますよね！」

「それはびっくりしましたね」

その3：整理の相槌

「～だとおっしゃるのですね」

「つまり~ということですね」
「~というわけですか」

その4:促進の相槌

「それからどうなったのですか?」
「相手はなんて言ったのですか?」
「どうやって、解決したのですか?」

それぞれのポイントを解説していきましょう。

営業における相槌の基本ともいえるのが、「同意の相槌」であり、最も使う機会が多いかもしれません。例えばお客さまが「なんだか今日は暑いよね」と言ったら「そうですね」「確かに暑いですよね」といった相槌により、相手の意見を肯定します。お客さまとしては、「自分の意見に賛同してくれるのだ」という安心感が生まれ、意見や本音をいいやすくなります。

「共感の相槌」もまた、相手への肯定を示すものです。「同意の相槌」が事実や現実への意見の肯定であるのに対し、「共感の相槌」は、喜怒哀楽の感情への共感を表します。お客さまが「実は昨日、孫が生まれてね」と言ったなら「そうなんですか！」とともに喜ぶ。「ペットが亡くなって……」なら、「そうなんですね……」と自分も意気消沈する。「昨日会った営業マンが、失礼な男でさあ」と憤ったら「それは怒りますよね」と一緒に腹を立てる。そのように、相手の感情に寄り添って相槌を打ちます。

あまり話のうまくない相手に対して用いたいのが、「整理の相槌」です。お客さまの多くは話のプロではありませんから、主語が抜けたり、話の順番が前後したりするのは日常茶飯事といってよく、それをそのままにしておくと、最終的に意見や本音が理解できない恐れがあります。ある程度話を聞いたタイミングで、「それはつまり、～ということですね」「～というわけですか」などと、話を整理しながら相槌を打つことで、コミュニケーションの齟齬《そご》を防ぐことができます。

最後の「促進の相槌」は、お客さまの話の「続きが気になる」というサインです。例えばお客さまの話が興に乗ってきて「そこで私は、言ってやったんだよ、そのままではあなたがだめになるよって」と盛り上がるタイミングになったところで「すごい！　それから、どうなったのですか」と続きを促す際に用います。「早くその先の話が聞きたい」というアピールになり、お客さまは気分よく話の続きができます。

この４つの相槌を効果的に使えるようになると、お客さまは「この人と話をするのが楽しい」「私の話をよく聞いてくれる」と感じ、また会いたいと思ってもらえるきっかけとなるはずです。

②雑談時に心を掴む、魔法の話術「醍醐味トーク」

お客さまの関心を引けるのが、共通の趣味や特技といった話題です。現在では、ＳＮＳにより自らの情報を発信している人も多くいますから、それらをチェックすることで、あるいはお客さまの興味がどこにあるか分かるかもしれません。

変わったばかりの保険会社の担当から、「そういえば笹村さんは、ハンドボールをやっていらっしゃるんですよね、実は私の父も、それなりに有名なハンドボール選手だったんです」と言ってきました。

ハンドボールは、競技人口がまだまだ少ないこともあり、互いの知り合いを辿ればだいたいどこかでつながっています。その時も「ああ！　Ａさんの娘さんですか」と話が盛り上がり、瞬時に打ち解けて今までお付き合いした担当者と同様に仕事を進めていくことができました。

そのように、相手に対するリサーチがしっかりできると、お客さまの興味関心のある話題を提供することができるわけですが、世の中の誰もが、自分の趣味や特技をＳＮＳで発信しているわけではありません。SNS自体は行っていたとしても、公開範囲を「友人のみ」に絞っていることもよくあります。必ずしも事前に相手のことが分かるわけではなく、そんな場合は実際の会話を通じて、情報を集める必要があります。

ただ、雑談のなかでせっかくお客さまが「実は最近、○○にはまっていて……」とチャンスをくれても、自分がそのことについて知らなければ、返しに困ると思います。無理に知ったかぶりをして無知が発覚したならお客さまの不興を買い、「すみません、よく知らなくて……」と答えても、相手をがっかりさせてしまいます。

そんなときに使いたいのが、「醍醐味トーク」です。

例えば、お客さまが「最近、ゴルフにはまっていて、ほとんど毎週コースを周っているんだ」と、話を振ってくれたとします。しかし、自分にはゴルフの知識も経験もない……。

そんな際には、次のように返してみてください。

「そうなんですか、ぜひ聞かせてほしいのですが、○○さんにとって、ゴルフの醍醐味ってなんですか」

キーワードは、物事の本当のおもしろさを意味する「醍醐味」です。

自分の好きなことや得意なことが、いかに興味深いかを話すというのは、楽しいもの。多くの人は、聞き手の共感を得ようと一生懸命話してくれます。

醍醐味を聞いたあとに、その醍醐味に魅力を感じ心が動かされたなら「是非、私も連れて行ってください！」と言ってみてください。もっと相手は喜ぶはずです（魅力を感じなかったり、心が動かされなかったら、決してそれをやってはいけません〈笑〉）。

先ほど紹介した「4つの相槌」を交えつつ、しっかりとその思いを受け止められたなら、お客さまはきっと会話に満足し、気分がよくなるはずです。

「醍醐味は、なんですか」

この一言は、お客さまとのコミュニケーションを深めてくれる魔法の言葉なのです。

③商品は「相手のニーズに対する解決策」として提案

第1章でも解説したとおり、お客さまと営業マンの関係は、本来は対等なはずです。
それなのになぜ、多くの営業マンが「お客さまは神様」とばかりに下手に出てしまうのかというと、実は売る側の姿勢に問題が潜んでいます。

営業マンが、「どうしても売りたい、なんとか買ってほしい」という姿勢でいると、お客さまとしては「そこまで売りたいというなら、まあ考えてあげてもいいけれど、もし買うなら私に何をしてくれるのか」といった発想になりがちです。そしてこの時点で、営業マンとの間に上下関係が築かれてしまいます。

お客さまにとっては、「あなたが売りたいものを買うのだから、私にもメリットがなければ嫌」と感じ、値引きであったり、特典であったりといった付加価値を求めるのです。

ここで、たびたび述べてきた営業マンの役割を、いま一度思い出してみてください。

「自社の商品やサービスを通じ、お客さまの悩みや課題、欲求を解消して、理想とする未来を提供する」

このなかに、営業マンがお客さまに対し、とるべき姿勢の答えがあります。

商品やサービスは、あくまでお客さまの悩みや課題、欲求を解決するためのもの。お客さまの立場からすると、自分の困りごとを解消してくれる商品やサービスがあれば、「お金を払ってでも購入したい」と思うはずです。

つまり、営業マンは「売ること」自体を目的とせず、あくまで相手のニーズに対する解決策として、商品やサービスを提案するようにしなければいけません。

そしてそれを実行するには、自分がしゃべるより先に相手の話をしっかりと聞き、ニーズを引き出す必要があります。

それができれば、お客さまと営業マンの立場は自然に対等となり、値引きや特典などがなくとも、契約につながるでしょう。

④相手の理解度を確認しながら商談を進める

商品説明に多くの時間を割き、自分の思いばかりを「しゃべりすぎる」営業マンは、相手の反応に気を回せないもの。

営業マンにとっては、毎日のように話をし、隅から隅まで知っている商品知識も、お客さまの立場で考えれば、初めて聞く単語や理解できない要素が当然あります。お客さまが置いてきぼりになっているのも分からず、話したいことだけ話して、「どうでしょう、契約いただけますか」と迫っても、まずお客さまは首を縦にはふりません。

営業マンの話に対する理解度は、お客さまごとに違います。保険営業でいうなら、証券会社に勤めており保険についての知識がある人と、菓子メーカー勤めでそれまで保険に興味がなかった人では、当然理解度が異なるわけです。

したがって、商談の最中には、常にお客さまの反応に気を配り、自分の話が齟齬《そご》なく伝わっているかを見極めながら、話を進めていく必要があります。

ここで、相手がついてきてくれるかどうかを確認するのに、私がいつも使っているフレーズを一つ紹介しましょう。

「ここまで、よろしいでしょうか？」

この一言を、切りのいいタイミングで挟んでいくことで、お客さまの理解度をより推し量りやすくなります。

「ここまで、よろしいでしょうか」に対し、お客さまが「ちょっと分からないので、ここの説明をもう一度……」と返してくれるような場合はもちろん、その説明をすれば大丈夫です。たとえ言葉が返ってこなかったとしても、大きくうなずいていれば理解してもらっているでしょうし、不安げであったり、首を傾げていたりすれば、分からないところがあるはずです。「どこか分かりづらいところがありましたか、遠慮なくおっしゃってください」と水を向ければ、きっと答えてくれるでしょう。

⑤「日本人気質」を刺激するキラーフレーズを使う

突然ですが、次のようなジョークを知っているでしょうか。

世界各国の旅行者が乗船している船で火災が起きました。極寒の海に飛び込まないと、助かりそうもありませんが、乗客はみんな飛び込むのを躊躇しています。各国の人々は、何と言ったら飛び込むでしょう。

■アメリカ人「今飛び込めばあなたは英雄ですよ」
■ロシア人「海に落ちたウォッカの瓶はあなたのものです」
■イタリア人「美女たちも泳いでいますよ」
■フランス人「決して海には飛び込まないでください」
■イングランド人「イングランドが優勝しました」
■スコットランド人「スコットランドがイングランドに勝利しました」
■ドイツ人「規則ですから飛び込んでください」
■中国人「金塊が沈んでいるそうですよ」
■**日本人「みんな飛び込んでいますよ」**

なぜこの言葉でそれぞれの国の人が飛び込むのかについては、本筋からずれてしまうのでここで詳しく解説することはしませんが、いずれも「なるほど」と思う理由があります。

さて、どうしてこのジョークを取り上げたのか。

注目すべきは、日本人を飛び込ませる言葉です。

「みんな飛び込んでいますよ」

これは、「和を以て貴しとなす」という日本人気質をうまく表しています。

そしてモノを買う際にも、この精神はいかんなく発揮されます。「人気ナンバーワン」「100万個売れた」「主婦に大人気」「SNSで話題沸騰」といった言葉を見て、思わず商品を手に取ってしまうような人は多いのではないでしょうか。

たくさんの人が使っているのだから、きっとよい商品だろう。

みんな使っているなら、自分も一度試してみよう。

そうした日本人気質を、うまく営業に活用するというのも、テクニックの一つです。

「多くの方は○○と言いますが、○○さんはどうでしょうか？」

この日本人気質を刺激するキラーフレーズを、ぜひ取り入れてみてください。

⑥理論を用い、感情に訴える

年収1000万円以上を稼ぐ営業マンの営業トークで、100％入っている二つの要素が、「理論」と「感情」です。

理論とは、いわゆる損得勘定のパートで、「今、買えば10年後にはこれくらいの利益が見込めます」「この商品だとこれくらいの保障額がつきます」といったお金（数字）にまつわる話が主となります。多くのお客さまは、得する話や具体的なメリットについて興味がありますから、ここをあいまいにせず、論理的に説明する必要があります。

感情は、心に訴えかけるパートです。「これがあれば○○できる」「これがあれば○○しないで済む」というように、購入後のイメージをもってもらうために、話をします。

多くの営業マンは、理論のパートをしっかりと話すことに意識を取られるあまりか、感情パートが薄くなりがちですが、実は理論よりも感情のパートに重きを置いた構成のほうが、より契約につながりやすいです。

人は結局、最後は理論より感情で買う。

これが私の、ゆるがぬ結論です。

私の感覚だと、お客さまへの影響は「理論2割、感情8割」であり、したがって8割は感情を動かすパートに費やしてもいいと考えています。

ポイントとなるのは、話す順番です。

お客さまにとって最も気になる点であろうお金（数字）の話、すなわち理論は、最初に伝えておきます。ここが明確になっていないと、お客さまは「結局いくらかかるのだろう」と気持ちが落ち着かず、将来の話をしてもなかなか心に響きません。また、冒頭からいきなり感情パートを持ち出しても、そんなに急には話に入り込めないものです。

したがって、まずは理論パートから入り、感情パートへと移っていくというのがスムーズな流れといえます。

生命保険を例にとって、説明したいと思います。

架空のペルソナとして、30代の両親とお子さまの3人家族、お子様の年齢は7歳というケースとします。

まずは、お客さまに対するヒアリングをもとに、万が一の事態が起きた際、その後も望むような生活をしていくにはどのくらいお金が必要になるか、明確に示します。

そこで、「世帯主が死亡した際の保障金額が5000万円の商品が最適」という結論に至ったとして、その理論だけでクロージングに入ってはいけません。

理論パートを一通り終え、納得を得られてからが、本当の勝負です。

「ご主人が亡くなってしまうと、朝から晩まで働き疲れているお母さんを見てお子さまはきっと、今一生懸命やっているサッカーをあきらめてしまうかもしれません。高校卒業後も、家にお金を入れるため、すぐに働くという選択をして、将来の夢であるＪリーガーへの道も途絶えてしまうかもしれません。しかしこの５０００万円があれば、夢をあきらめる必要はありません。サッカーも続けられ、高校、大学と、自分の夢をかなえられる学校に進学できます。遺された奥さまも天国のご主人も安心してお子さまの成長を見守ることができます」。

このように、実感がわきやすい例え話をして、感情に訴えていきます。

ここでどんな話を選ぶのかが、営業マンの腕の見せ所です。ぶっつけ本番で臨んでも、そう簡単にはいきませんから、お客さまからヒアリングした内容をもとにいくつかのストーリーを用意し、事前に何度もロールプレイングをしておくべきです。

感情に訴えかけるのは、結局のところお客さまのなかに「今まで気づかなかった、新たなニーズを創出する」ということに他なりません。感情パートをしっかりと展開すれば、商品やサービスに対するお客さまのニーズが膨らみ、その分だけ契約に近づいていくのです。お客さまが欲しいのは商品を通しての未来なのです。

⑦「YES YES YES―BUT話法」を駆使する

お客さまにお金の話をした際、最もよくあるリアクションの一つが「値段が高い」というものでしょう。

もちろん、そう言われたからと簡単に値を下げてしまっては、営業マン失格です、ここで、否定的なお客さまを説得するためのノウハウを一つお伝えします。

例えば法人営業で、大型の設備を販売する際、値段を示した途端に、お客さまから「それは高いよ」と言われたとします。

そこで最もしてはいけない返しは、「いやでも、これを入れれば経費が年間○○万も削減できるわけで……」などと、すぐに相手の言葉を否定することです。仮にその理論が十分に正しくとも、お客さまは自分の考えをあっさりと切り捨てられたと感じます。先ほども述べたとおり、「結局人は、理論よりも感情で買う」のですから、いくらいい商品やサービスであっても、感情を害してしまえば、少なくともその営業マンからは買わないでしょう。

相手の意見に対し、クッションを入れて印象をまろやかにする会話の方法として「YES―BUT法」というものがあります。

先ほどと同じ例で説明すると、お客さまの「それは高いよ」に対し、「おっしゃるとおり、高いかもしれません。しかし、導入すれば年間の経費が……」というように、まずは「おっしゃるとおり」という「YES（肯定）」を1度入れたうえで、その後の理論を展開します。

こうしていったんでも相手の意見を受け入れる姿勢を見せれば、確かに多少は印象がよくなると思います。

ただ、お客さまの感情を動かすには、それでは残念ながら不十分です。「意見の否定」というネガティブなハードルを、もっと下げねばなりません。

私が実践し、自社の営業マンたちにも伝えてきたのが、次のような「YES YES YES―BUT話法」です。

お客さま「それは高いよ」
営業マン「いやあ、そうですよね、そうおっしゃると思っておりました」
お客さま「だって、他社製品より明らかに高いよね」
営業マン「確かにそうなんです。だいたい○○円も高いんですよ」
お客さま「それなら安いほうがいいよ。そもそも今の設備で事足りているんだ」
営業マン「はい。私も同じ立場なら、間違いなくそう思いました。そこに費用をかけるくらいならもっと別のものにかけたほうがいいってなりますね。ではなぜそんななか、あえてこちらをお持ちしたかといいますと、実は他社製品にない機能により、結果的に年間○○円ものコストが削減できて、導入５年で黒字になるからなんです」

このように、相手の思いを３度肯定し、なぜ否定的なのかという複数の理由をすべて「ＹＥＳ」で返した後、ようやく本題に入ります。ここで大切なのは「そんなにＹＥＳを言ってしまったら相手はそれを買わないんじゃない？」と思うほど「ＹＥＳ」を言うことです。

　ここまで徹底して相手の感情に寄り添うことで、「あなたは私のことを理解してこの話をしてるんだね」と意見の否定というネガティブなハードルをぐっと押し下げることができます。

「ＹＥＳ ＹＥＳ ＹＥＳ−ＢＵＴ話法」を実践するためには、自社の商品やサービスに対し、お客さまが感じるであろうネガティブな要素をあらかじめ想定したうえで、それを超えるメリットを提示できるようにしておく必要があります。

　営業回数を重ねれば、否定的意見もある程度出そろってくるでしょうから、それをきちんと集約し、対する返しを練っておきましょう。

⑧商談終わりに、「二者択一」で次のアポイントを決める

　売れない営業マンの話を聞くと、商談の「終わらせ方」に問題があると感じます。

「ぜひ前向きにご検討ください」と言ってしまったり、お客さまに「こちらから連絡しま

す」と言われてしまったり……。そうして具体的な予定を何も決めず、「なんとなく」終わっている人が多いのです。

　結論からいうと、商談終わりには必ず、次回のアポイントを入れねばなりません。お客さまの心は、ちょっとしたきっかけで移ろいやすいもの。具体的な約束がないままに放っておく時間が長いほど、商談への興味が薄れたり、他社のライバルに関心をもったりしてしまいます。「鉄は熱いうちに打て」のことわざどおり、商談が終わってすぐに次のアポイントを決めてしまったほうが、また会ってもらえる確率が高まり、営業マンとしてもより効率的にスケジュールを組むことができます。

　そうして次回のアポイントを相談するうえでのポイントは、二者択一で日程を提案することです。

　前述したとおり、人には生まれつき、自分の選択や行動を自ら決めたいという欲求があり、それを他人により奪われることに心理的な抵抗を感じます。したがって、アポイントの相談でも、「次回は○日○時にうかがいたいのですが、お時間空いていますか」と限定的に言ってしまうと、たとえ空いていても「相手のいいなりになる」という点に抵抗を感じて、商談自体をやっかいなものと思いかねません。

だからこそ、お客さまに選ぶ余地を残すというのが、非常に大切になります。

「次回の打ち合わせ日を決めて、本日は終わりにしましょう。おうかがいする日程ですが、例えば○日○時と、△日△時では、どちらがよろしいですか？」

このように、あくまで「相手が決めている」という状況になるよう、提案の仕方を工夫しましょう。

次回の日程に加え、テーマもまた明確にしておくとベストです。

「次回は、今回ご提案したお見積りに対するお返事をいただきたいと思います。お見積りのままお買い上げいただく場合、数量を決めましょう。もしまたお見積りについての疑問が出てきたら、その場でお答えいたします。そして、次回までの間にご採用いただけないという結論が出たなら、その旨をお伝えいただく。そんな時間にしたいと考えています」

ここまで示しておくと、お客さまは自分のすべきことが分かり、次回の打ち合わせがよりスムーズに進みます。

文字にするとあまり引っかからなかったかもしれませんが、実はそのままこの提案を行うには、かなりの勇気が必要でしょう。提案の最後で、「ここで不採用なら、次回で終わり」という意思が示されているからです。

ただ、一流の営業マンたちは、必要ならいかなるときも怖がらずにＹＥＳかＮＯかを確認しています。ベストを尽くしたうえで、それでも契約に結び付かないなら、ご縁がなかったと考え、新たなご縁を探す。そうした切り替えにより、「一人のお客さまにずるずると引きずられ、多くの時間を割いたけれど結局は契約できなかった」というようなケースを減らしています。

お客さまにとっても、「契約する気がないのにだらだら話を聞いてしまった」という、無駄な時間を減らすメリットがあります。

仮に自分がＹＥＳかＮＯかを聞き、ＮＯという答えが返ってきても、そこまで落ち込む必要はありません。「今」必要ないだけです。「永遠に」必要ないことではないということは理解しておくといいでしょう。

「今回は『タイミングではない』ということですね。では状況の変わってくる半年後に改めて、ご連絡させていただきます」と伝え半年後に連絡することの承諾を得て手帳に書き留めておいて半年後に連絡します。この半年後のトークを繰り返すといずれタイミングが来ることになります。

怖がらずに、YESかNOをもらうこと。

それをぜひ意識し、実践してほしいと思います。

⑨「リモート営業」を積極的に導入する

コロナ禍により、ニューノーマルの時代となりつつある昨今。

人々の生活を最も大きく変えたのは、リモートワークの普及でしょう。

営業の現場にも、そのニューノーマルの波が押し寄せています。

これまで「人と会うことが仕事」ともいわれていた営業職が、リモートという非対面の形でも成立するようなったのは、劇的な変化です。

実際に私の会社では、すでに業務の大半をリモート化して、ほぼ人と会わずに営業成績を伸ばしている社員も出てきました。全社的にも、業務の3割ほどがリモート営業となっています。

営業職を語るうえで、もはやリモートは外せないキーワードとなっていますから、私なりの見解を述べておきたいと思います。

リモート営業の一番のメリットは、「全国各地のお客さまとすぐにつながれる」という点でしょう。これまで、自らの暮らす地域や会社のある場所の周辺で営業活動を行ってきた営業マンも、リモート営業によって全国へと商圏を拡大することが可能となります。

また、同時に複数のお客さまを集めやすいというのも、メリットです。従来であれば、説明会を開くなら、会場を押さえ、お客さまに足を運んでもらう必要がありましたが、リモートであればパソコン一台で事足り、お客さまも家から気軽に参加できます。

移動が発生しないため、営業マンとしては時間効率が非常に高くなります。お客さまとしても、家に招いたり、相手の会社に足を運んだりするよりは、リモートのほうが話を聞くハードルが下がるはずです。

そうしてメリットの多い一方で、デメリットも聞こえてきます。

リモートから始まった商談は、契約にもっていきづらいケースも存在するということです。互いの移動がなく気楽な分、「また空いた時間に聞けばいい」という感覚で、アポイントのキャンセルもよく出ます。やはり対面で会うよりも、互いの絆を結ぶのが難しいというのが正直なところです。お客さまに断られるまで、積極的にアポイントを入れ続ける粘り強さが求められるでしょう。

お客さまが離れやすいことへの対策としては、先ほど述べた「次回のテーマを明確にしておく」というのが有効です。やるべきことが決まっているほうが、お客さまも安心できます。

また、実際のリモート面談では、画面を共有して資料を展開するなどの操作が必要となりますが、そこで聞き取りシートを画面共有し、お客さまから聞いた情報をリアルタイムで書きこんでいったり、入力したりと、お客さまも「共同作業をしている」という意識が強くなり、協力的になってくれることが多いです。

さらに、テーマを示す際に、次回の面談が楽しみになるような仕掛けを一つ入れることをお勧めします。

「次回は、○○についての○○をおうかがいします。そこで、Ａさんのご興味のある『今日からできる、ふるさと納税のやり方』についてもレクチャーしたいと思いますので、お楽しみに」

こうして、テレビドラマの予告編のように、相手の興味関心のある話題をふったうえで面談を終えると、アポイントのキャンセルの確率を減らすことができるはずです。

ここまで、営業マンの心構え、習慣にすべきこと、そして営業テクニックの順に、解説してきました。最終章では、本書の「笹村メソッド」を実践したことで人生が大きく変わった、3人の営業マンを紹介したいと思います。

column

コラム④　私が天職と出会うまで

ある日、私のもとに1本の電話がかかってきました。

「ソニー生命の○○と申しますが、笹村さんでいらっしゃいますか？」

最初は保険の営業かと思いましたが、話を聞けば、どうやらヘッドハンティングの電話のようでした。当時の私は愛社精神が強く、仕事も楽しかったので、転職にまったく興味が湧きませんでしたが、それでも相手と会うことにしたのは、「あわよくば保険会社にうちの菓子を売り込み、景品の一つにでも使ってもらおう」と考えたからでした。

実際に私は、パンフレットと製品を持ってリクルーターと会い、売り込みましたが、残念ながら取引には結びつきませんでした。

それから数日後、今度は日本生命から電話があり、やはりヘッドハンティングの話でした。これまで一度もそんな話がなかったのに、急に1週間で2社から連絡があったのを、私は不思議に感じました。後に分かることですが、人材獲得を生業とするヘッドハンターの間では、有望な人材の名刺がどこからか出回るといいます。きっと名刺が流出したタイミングで、2社が連絡をよこしたのでしょう。

日本生命のヘッドハンターと電話で話すうち、将来の夢は何かと聞かれたので、私は答えました。

「社長になることです」

「そうですか、でも今の会社で実現するのは、難しくはありませんか」

正直、図星でした。勢い込んで企画部に配属され、それなりの実績を上げたはずなのに、社内規定によって35歳まで管理職に昇進できないとわかり、「このペースで、いつになったら社長までたどり着くのか」と意気消沈していたところでした。

それを見越したように、ヘッドハンターは言いました。

「今の会社のトップにならずとも、社長になることはできます。あなたの将来の可能性が広がる話を、一度聞きにきませんか」

column

私は興味が湧き、ヘッドハンターに会うことにしました。とはいえやはり、今の会社を辞めようと考えたわけではなく、あくまで話を聞くだけのつもりでした。日本生命のオフィスはたまたま会社から徒歩10分ほどのところにあったため、忙しいなかでも気軽に立ち寄れました。それもまた、人生の導きだったのかもしれません。

ヘッドハンターから、保険の営業マンという仕事がどんなものか聞き、興味本位で適性面接を受け、結果は合格でしたが、相変わらず転職しようとは思いませんでした。

それで正式に断ったのですが、その後もヘッドハンターはあきらめることなく私にアプローチを続けてきました。そこで私は改めて、菓子折りを手に断りに行きました。

「いろいろと手を尽くしてもらって申し訳ないのですが、やはりお断りいたします」

「そうですか……。私は長年、ヘッドハンティングに携わってきましたが、あなたなら間違いなく、１５００万円以上稼げる営業マンになるでしょうから、本当に残念です。そうだ、せめて最後に、現役の営業マンたちから話を聞いてみてから最終判断をされてみてはどうですか」

好奇心も手伝い、私はそれを断り切れずに、営業マンと会うことになりました。今思えばこの決断が、ターニングポイントでした。

「ただ、保険に入ってくれと勧誘する仕事ではありません。保険やお金という人生に欠かせない分野の専門家となり、その知識を人のために役立てて、ありがとうと言ってもらえる仕事です」

「お客さまに感謝された分だけ契約につながり、収入も増えますから、やりがいがありますよ」

「責任が重い分自己管理が必要ですが、時間と経済の自由が手に入ります」

現役のトップ営業マンたちが話してくれた営業という仕事の本質に、私は感じ入りました。営業という仕事が、それまでとまったく違ったものに見えました。

column

やればやっただけ収入になり、社長になるのも、自分次第。

自らの実力、そして人間力が試される業界で、自分はどこまでやれるだろう。

そこで初めて、私の心は大きく揺れました。

そうして悩みに悩んだある日、ふと私の心に浮かんだのは、父（２００５年没）の言葉でした。

「人生には、３回チャンスが来る。逃さないようにしろよ」

あらゆるチャンスを掴みに行くには、目の前のご縁に逆らわず、大切にしなければいけない。だったらもう、新たなご縁に身を任せ、新天地へと飛び込んでみよう。

それが私の出した、結論でした。

２００３年、８月１日。

こうして私は、営業の道へと足を踏み入れることになりました。

１カ月の研修を受けた後、私は営業マンとしてデビューしたのですが、以前まで住んでいた社宅を出て引っ越しをしたり、第二子が誕生したりと、本当に目まぐるしい毎日でした。

なお、社宅は３ＬＤＫ60平米で２万３５００円という破格の家賃でしたが、そこから２ＤＫ駐車場付きの一戸建て、家賃15万７０００円へと移ったことで、出費が一気に増えました。妻にも、子どもたちにも、苦労をかけるわけにはいきませんが、手元にあるのは多少の貯金と、退職金の２６０万円のみでした。

「退職金が底をつくまでは、チャレンジする。それ以上は、家族に迷惑がかかるから、退路を断って、やるだけやって通用しなかったらどこかにまた就職しよう」

私は心のなかで、そう決めていました。

［終　章］

年収1500万円超！
実際に人生が変わった
3人の営業マンたち

【ケース1】

手取り19万円の居酒屋の店長から月収100万円を超える、営業マンへ

ライヴトゥリリーフ株式会社
マネージャー
MDRT会員　荻原勇一郎

1日15時間、働いていた

私の社会人としてのスタートは、飲食店でのアルバイトでした。

高校野球に熱中しすぎたせいか、大学では燃え尽き症候群になってしまい、授業にもまったく身が入らずに3年で中退しました。

そこから特にやることもなく、ひたすらアルバイトの日々……。毎日のように宅配ピザチェーン店で働いていましたが、まだ人生の目標を見つけられずにいました。

とはいえ宅配ピザチェーン店には真面目に通い、こつこつと仕事をしていたのが認められ、店長代理を任されるところまでいきました。働くことに対する責任感が出てきたのは、きっとこの頃だったでしょう。

その後2015年には、フランチャイズで居酒屋を展開している会社に入り、一つの店舗の店長というポジションとなりました。

料理、ホール、集客からアルバイトのシフト作成まで、店長の仕事は日々、山積みでした。朝の9時には店に行き、ランチ営業の準備をして、ランチが終われば事務仕事、すぐに夕方の営業が始まり、閉店して片付けが終わる頃には24時を回っていることがほとんどでした。休みも週に一度しかなく、今思えばなかなか過酷でしたが、それでも仕事自体は楽しく、辞めようとは考えませんでした。

「いつか自分で居酒屋をもつための、修行期間だ」

そのように位置付けて、毎日身を粉にして働いていました。

ただ、一つだけ不満があったのが、給料でした。

当時の給料は、手取りで19万円、ボーナスもなく、昇給の決まりも明確ではありませんでした。アルバイトたちに支払っていた時給1000円で換算しても、1日1万5000円以上にはなる計算で、月に25日前後は稼働していましたから、「働いた分だけ給料が欲しい」とはいわないにせよ、もう少しもらってもいいのかな、と感じていました。

それでも辞めなかったのは、仕事が好きだったのと、店で一緒に働く仲間たちを裏切りたくなかったというのが大きかったです。修行、修行と自分に言い聞かせながら、働き続けました。

そうして居酒屋の店長を3年ほど勤めた頃に、転機が訪れました。

結婚して、子どもを授かったのです。

人生を変えるきっかけが欲しかった

住んでいた部屋は1Kで、明らかに家族で暮らせるような状況ではありませんでした。

安い給料のなかから必死に貯めたお金を使えばなんとか引っ越しはできるにせよ、いずれ生活が行き詰まるのは目に見えていました。

「もう自分だけの人生ではないんだ、どうにかしなければ……」

とはいえこれまで、飲食業でしか働いた経験がありません。同業界で転職先を探しても、条件は今の会社とたいして変わらないところばかり……。

「なにか、人生を変えるきっかけが欲しい。家族を安定して養えるような、収入を得られる仕事をなんとかして見つけなければ」

そんな焦りのなかで、頭に思い浮かんだのが、高級そうなスーツをスマートに着こなす石垣貴雅さんの姿でした。

現在は先輩の営業マンであり、この後登場する石垣さんは当時、東京海上日動火災保険株式会社の研修生となっており、ファイナンシャルプランナーとして私を担当してくれていました。歳が6歳ほどしか離れていないこともあり、自分としては兄のような存在で、この先の人生についていろいろと相談に乗ってもらっていました。

私は石垣さんに連絡を取り、こう伝えました。

「今のままじゃ、だめなんです。人生を変えたい。だから自分に、営業の世界について教えてくれませんか」

石垣さんが語った保険営業という仕事は、それまで私が抱いていた営業職のイメージとは大きく違いました。

ただぺこぺこと頭を下げ、なんとか契約を預るのではなく、お客さまと対等な立場で、専門知識をアドバイスし、人生をサポートする……。とてもやりがいのある仕事のように感じました。思えばその時、石垣さんは笹村メソッドの心構えを余すことなく私に伝えてくれていましたし、本人もそれを深く信じていました。だからこそ、強い説得力がありました。

「お願いします！　私に、保険営業の仕事を紹介してください」

何の知識も経験もなく、石垣さんにとっては数いるお客さまの一人にすぎない自分が、いきなり仕事を紹介しろと迫る……ぶしつけとは分かっていましたが、勇気を振り絞り、必死に頭を下げました。

石垣さんはにっこりうなずき、笹村さんに話を持っていってくれました。このときになりふり構わず、勇気を持って石垣さんに話をしたからこそ、運命を変えることができました。自分の人生を変えるためには、結局のところ自ら行動を起こすしかないのです。

マニュアルを誰よりも徹底して実践した

私も石垣さんと同じように、東京海上日動の研修制度から営業マンとしてのキャリアをスタートさせました。

研修制度というと、手取り足取りいろいろと教えてもらえるようなイメージかもしれません。確かに知識ゼロの状態から学ぶべきことは非常に多かったですが、ただの学生気分では研修制度を最後まで終えられません。

私には「もう後がない」という危機感がありました。家族のためにも、絶対にこの業界で成功しなければいけない。強い思いで、時に徹夜で身につけるべき知識を覚え、毎日保険のことだけを考え続けました。

とはいえ営業も、保険も、まったくの素人です。石垣さんからのアドバイスもあり、最初はひたすらマニュアルに則って営業活動をしていました。今考えればそうして自己流のやり方を入れず盲目的にマニュアルに従ったのが、成果につながりました。その意味で、むしろ未経験だったからこそ、努力もできたし、滑り出しもうまくいったのだと感じます。
初任給は、インセンティブが足されて合計で50万を超えました。額面としては、前職の2倍です。

その後も売上を順調に伸ばすことができ、全国研修生のなかで生命保険の売上1位となり、2年制の研修制度を1年で完了することになりました。

こう書くと、いかにも私に営業の才能があったように思えるかもしれませんが、そんなことはありません。マニュアルに書いてあることを誰よりも徹底して実践したのが、結果につながったのだと考えています。

ただ、やはり当時の私は、少々調子に乗っていたかもしれません。やればやっただけ入る営業の仕事は、自分に向いている。そう思っていました。その自信は、研修生を1年で完了して出向先のライヴトゥリリーフに戻ったとき、あっさり打ち砕かれることになります。

稼ぎより、お客さまの役に立つことがうれしくなった

2017年8月、研修でのそれなりの実績を引っ提げて、意気揚々とライヴトゥリリー

フにやってきた私は、すぐにその天狗の鼻を折られました。

石垣さんをはじめ、周りには自分よりもはるかに売っている先輩がたくさんいました。

教育係として笹村さんがついてくれ、私は例によって笹村メソッドをできる限り忠実にこなしていたのですが、それでも研修時代よりはるかにたくさん怒られました。

「本当にお客さまのことを思っているのか」

「自分の利益ばかりしか考えられないなら、営業マンとしては、まだ5流だ」

数々の厳しい言葉をもらいましたが、なかでもよく覚えているのは、お客さまに対する提案内容についてでした。

死亡保険に関して、「お客さまの収入を考えると３０００万円の保障に対しての掛け金であれば契約をいただけそうです」と伝えた時のこと。お客さまの背景や思いといった資料に目を通したあと、笹村さんは静かにいいました。

「お客さまの考える未来を実現するには大黒柱に万が一があったときに３０００万円じゃあ足りないだろう。５０００万円は必要だ。こんな提案をして、お客さまに何かあったとき、お父さんを亡くした子どもたちになんていうつもりだ。そんな姿勢だったらこの仕事を続けるべきではない！」

　初めはずいぶんと落ち込みましたが、次第に笹村さんがなぜ怒っているか、その根っこが分かってきました。

　当時の私はまだ、自分の収入のために仕事をしている気持ちが強かったのです。

　きっとそれが日常の端々に現れ、笹村さんはそこを何よりしかってくれていたのだと、今なら分かります。そうして次第に、稼ぎたい気持ちよりもお客さまの役に立ちたいという気持ちのほうが強まってくるほど、収入が安定していきました。

　２０１８年には、東京海上日動あんしん生命の商品を扱う５３００人の営業マンがエントリーした大会で、全国で5位になりました。

お客さまの役に立てば、必ず成績が上がる

　営業に対する技術については、笹村メソッドをひたすら実践していったのですが、個人的に最も響いた部分を挙げるなら、「徹底した準備を行う」ということです。

　笹村さんからも、お客さまに会う前には必ず「１５０％の準備ができたか」「早くお客

さまに会って伝えたい気持ちになっているか」と聞かれました。

そうやって徹底した準備の習慣がついたことで、お客さまの前でも自信をもってプレゼンテーションができ、それが成績につながったと感じています。

もう一つ、私の成長の原動力となったのが、先輩である石垣さんの存在です。彼という明確な目標があったことで、ある程度稼げるようになってもそこで妥協せず、さらに上を目指してこられたと思います。

ここまでの実績としては、週に4件の契約を205週（2021年3月現在）、続けてくることができました。

収入は、2017年度は好調な月とそうでもない月の差が激しかったのですが、2018年度に入ってやや安定し、そこで年収1300万円となりました。さらに2019年には1500万円まで伸び、2020年度もそれを上回るペースできています。

居酒屋の店長だった時代から、生活も大きく変わりました。生まれて初めて自分で車を買ったり、目標を達成した記念日に欲しかった腕時計を買ったりと、昔では考えられない買い物もできるようになりました。

繰り返しになりますが、私は自分に営業マンとしての才覚があるとは考えていません。むしろ営業という仕事には才能はいらず、お客さまの役に立つためにがんばれば、必ず成功すると確信しています。

現在は、マネージャーとして新人の育成にも携わっているのですが、自分の成績が伸びるよりも彼らの成長に喜びを感じますから、マネジメントのほうが向いているようです。

これからは、年収2000万円を目指しつつ人材教育にも力を入れ、いずれは支社を一つ任せてもらえるようになるのが目標です。

私は、石垣さんに声をかけたことで、人生が変わりました。

まずは営業の世界への一歩を踏み出してほしいと思います。そこから先は、きっと努力次第で、豊かな人生が手に入りますよ。

【ケース2】

「植木職人」から、営業の世界へ
年収2000万円まで一気に成長

ライヴトゥリリーフ株式会社
エグゼクティブトータル
コンサルタント
MDRT会員　五十嵐泰治

父の病気で、お金が必要になった

幼少時代、私は裕福とはいえない家庭で育ちました。

お金がないのが当たり前であり、カップラーメンが贅沢品で、周囲の友達がうらやましかった記憶があります。

高校は、農業高校に進学。そこから造園業へと進みました。

その頃から、営業という仕事があり、成功すれば大きく稼げることは知っていましたが、自分に向いているとはまったく思えず、関心がありませんでした。

卒業後はアルバイトをしながら、趣味のサーフィンに打ち込むつもりでしたが、サーフィンの先輩から「遊んでばかりだと、あと5年後、10年後になったら世の中から認められないから、手に職をつけておいたほうがいい」と諭されたことをきっかけに、造園業の植木職人という道に進みました。

実際に働き始めると、造園業は理想的でした。業務としては、公共事業としての公園の手入れから個人の庭園の管理までさまざまでしたが、日曜にはしっかり休めてサーフィンもでき、残業も少なく、細かいことを考えずとも手を動かせば仕事ができるというのが自分に合っていました。

ただし、一つ大きなネックとなったのが、収入です。

実は植木職人になって1年目で、父が脳梗塞で倒れ、お金が必要になりました。造園会社の初任給は手取り13万円ほどで、十分とはいえませんでした。

それでも5年間続けたのは、「いずれ独立して会社を興したい」という目的があったからです。修行と思い、お金よりも技術の習得に集中しました。造園技能者の国家資格も取得し、若手の職人がその技を競う「技能五輪」の全国大会に、東京代表として出場したこともありました。

そうしてキャリアを積んだうえ、自分としては満を持して、２００７年に独立を果たしました。腕にはそれなりに自信がありましたから、待っていれば勝手に依頼がくると思っていました。しかし造園の業界はそう甘くはなく、３カ月間はほぼ無給でした。

自分から仕事を引っ張ってきたくとも、営業活動の経験もありません。すぐに「このままではいけない」と考えました。

結局独立して1年で会社をたたみ、前に勤めていた造園会社に、常駐業者という形で戻りました。

それでひとまず収入は安定しました。当時の年収は４００万円ほどでしたが、雇われのままではどんなによくとも、年収５００万円ほどが稼ぎの限界なように思えました。

「この収入で、これからもずっと暮らすのか。人生、本当にそれでいいのか」

毎日のようにそう考え、より上のステージを探し求めていました。

もう、サラリーマンには戻れなかった

保険業界への入り口は、意外なところにありました。

縁あって出会った石垣貴雅さん（ケース3で登場）が仕事を探しており、たまたま私の知り合いに保険業界の人がいたため、引き合わせることになったのです。

立場上、私も紹介の場に同席する運びとなりましたが、自分が営業マンになるなど、まったく考えておらず、あくまで付き合いのつもりでした。

しかし、何気なく営業の世界の話に耳を傾けるうちに、どんどん引き込まれていきました。

最も関心をもったのは、やはりインセンティブの高さです。

「成功すれば、1000万、2000万円といった給料を稼ぐのも夢ではない」

その言葉に、心動かされました。

私には、幼少期の経験を通じ、もっと稼ぎたいという思いが人一倍あったのかもしれま

せん。正直、保険という商品にはまったく関心がありませんでしたが、「だめならまた植木屋に戻ればいい」と考えて、一度飛び込んでみることにしました。

そうして2013年2月、11年続けた造園業の世界を離れ、私は石垣さんとともに、東京海上日動の研修生となりました。

研修期間は、3年2カ月。

その間、ノルマを達成し続けていけば、研修後には代理店として独立するか、または同社の営業マンとして正式に勤めるという道が用意されています。ただし、そこまでいけるのは全体の5%にも満たず、狭き門でした。

話すのが苦手なこともあり、最初は本当に大変でした。自分から話を広げたりするのができないため、とにかくマニュアルを徹底的に学び、そのとおりに実践しました。始めた頃は、一人気楽に仕事ができる植木職人が懐かしく、「この先営業マンとして生きていく」という覚悟がなかなかもてませんでした。しかし、戻ったところでまた同じように収入で悩むのは分かっていました。

中途半端な自分の背中を押してくれたのは、妻でした。

ある休日に、妻と買い物に出かけ、信号待ちをしていた時のこと。何がきっかけだったのか、気づけば私は弱音を吐いていました。

「営業はやはり向いていない。植木屋に戻ろうかな」

妻は静かに私を見つめて、言いました。

「もうあなた、サラリーマンには戻れないでしょう」

私という人間のことをよくわかっている妻の一言は、心に染みました。

確かに自分には、もう後戻りなどできない。営業マンとして成功するしかないんだ。

そこでようやく、覚悟が決まりました。

3年間、すべてを営業に捧げた

そこからの3年間は、ひたすら保険のことだけを考え続けました。本当に1日も休むことなく、生活のすべてを仕事に捧げました。人と話すのが苦手という部分はあいかわらずで、営業先ではいつも冷や汗をかいていましたが、ロールプレイングを徹底するなど、練習を重ねることで少しずつ慣れていきました。

その努力はやがて実を結び、東京海上日動の生命保険セールス部門で、年間1位となることができました。

才能などまったくない自分が、努力でトップになれたという事実は、私の大きな自信となりました。この先もきっと、努力さえすれば成功できると信じることができました。

そうして研修を乗り切った私は、日本一という肩書きを手に、悠々とライヴトゥリリーフにやってきたのが、2016年4月でした。

実は研修後に独立しようと思っていたのですが、それだと扱える保険の種類が限られてしまうため、さまざまな保険を扱える環境でもう少し働いてみたい気持ちもありました。

迷いに迷い、友人にも相談したところ、「お前が正しいと感じるほうでいいんじゃないか」と背中を押されました。正しいこととは、何か……。独立したら、扱う商品は限られ、自分と契約していただけるお客さまの選択肢もまた少なくなります。他社商品でもっといいものが出てきた際には、お客さまを悩ませてしまうことにもなるでしょう。

お客さまのためには、きっと乗り合いの代理店のほうがいい。それが自分にとっての、正しい道なのだ。そう結論を出し、ライヴトゥリリーフにお世話になることにしました。

しかしライヴトゥリリーフに来て、自分が井の中の蛙であることを知りました。トップである笹村さんを始め、自分には考えられない数の契約をこなしてきた一流の営業マンが、ごろごろいたのです。

自分の欲を手放したら、営業成績が安定した

実際に業務をスタートしても、東京海上日動時代のようにはいきませんでした。研修時代には友人や知人という人間関係のなかで保険を販売していたこともあり、成約率が高かったのですが、ライヴトゥリリーフで初めて出会うお客さまの担当についたところ、断られるケースが増えました。

今なら分かりますが、当時の自分に試されていたのは、本当にお客さまのためを思って仕事ができるか、ということでした。

お金が欲しい。自分が成功したい。そうした自分の欲に囚われているうちは、本当にお客さまからの信頼を勝ち得ることはできません。

笹村メソッドでも「自己中心的なうちは一流になれない」と徹底して叩き込まれた結果、

次第に「お客さまあっての自分」「周囲がいるからこそ仕事ができる」と心から思えるようになりました。保険は単なる商材ではなく、プロとして人を導くための手段である。そんなふうに考え方が変わりました。

その頃から紹介営業がぐっと増えて、収入が明確に上がりましたから、やはり笹村メソッドは正しかったです。

笹村メソッドのなかで私が特に活用しているのは、「すべて伝えきってから、YES、NOをはっきりもらう」ということです。

たとえお客さまにとって耳の痛い話であっても、プロとしてしっかり指摘する。お客さまのためになるなら、厳しい話も勇気を出して伝える。そうしてすべてを伝えきったうえで「YES」、「NO」をきちんと聞く。それを意識してから、お客さまにより信頼してもらえるようになったと感じています。

努力の方向さえ間違えなければ、誰もが営業で成功できる

収入としては、2016年の秋くらいまではやや伸び悩みましたが、前述したとおり意

識が変わった12月頃からぐっと成績が伸びました。その後は月収で１００万円を超える月が増え、２０１７年度の収入は１５００万円、２０１８年度は１７００万円と、積み増すことができました。そして２０１９年度には、初めて２０００万円を突破し、２２００万円という数字となりました。

２０２０年度は、コロナ禍により営業環境も様変わりしましたが、自分としてはうまくリモート営業へとシフトできたと考えています。その年の５月から本格的にリモート営業を始めて、お客さまには「今後は会わずにリモートだけでお願いします」と伝え、ほぼすべてのお客さまとの面談をリモートに切り替えました。

そこまで徹底してリモート化をしたのは、子どもが喘息もちで、自分がコロナにかかったらどうなるか分からないという危機感からでした。

正直、吉と出るか凶と出るか予想がつきませんでしたが、幸いにもお客さまの理解を得ることができ、10月までの５カ月での売上は前年対比１２４％となりました。

リモート営業は、これまででは考えられないほど効率が高く、２０２０年度の収入は前年度をさらに上回る数字になると思います。

初めはお金を稼ぐことを目的に飛び込んだ営業の世界ですが、いつしかお客さまを幸せにすることが喜びとなり、楽しんで仕事をしていたら、知らぬ間にお客さまが増えていったという感覚でいます。

今では毎日、夜ご飯を家族と食べることができ、休みも週に2日以上取れるようになりました。営業という仕事にチャレンジして、本当によかったです。

私はやはり、職人肌で一つの道を追求していくのが性に合っているので、今後もより多くのお客さまと出会うべく、イチ営業マンとして仕事をしていきたいです。

人生の目標としては、55歳で引退して、趣味であるサーフィンやキャンプ、ゴルフをしながらのんびり暮らせていけたらと考えています。

営業という仕事は、努力の方向さえ間違えなければ、どんな人でも成功できます。人としゃべることに恐怖を感じていた私でさえも、自分なりの幸せを手に入れることができました。もし営業の世界に興味があれば、恐れずに飛び込んでほしいと思います。

【ケース3】

「口下手なショップ店員」が一念発起 営業職で年収を10倍にすることに成功

ライヴトゥリリーフ株式会社
シニアマネージャー
MDRT会員
石垣　貴雅

口下手を直したくて、接客業をやった

自分が本当にやりたいことは、何なのか。

若い頃から、ずっと探し求めてきました。

高校では、あまり深く考えずに自動販売機関連の職業訓練校へと進み、卒業後には清涼

飲料水の下請け会社に入りましたが、友達に「一生、自販機のメンテナンスをやるのか」と言われたことをきっかけに、1年で退職してしまいました。

そこからはずっと、フリーター生活。フランチャイズのお寿司屋さんなど、主に飲食関係のアルバイトをしましたが、かといって飲食の道に進みたいわけではありませんでした。

いつか本当にやりたい仕事に出会えるだろう。

そんなふうにのんびり構えていたら、結局何も見つからずに7年が経過していました。

このままフリーターでいるわけにはいかないと、就職先を探したところ、個人経営のアクセサリーショップが、社員の募集を行っていました。

「商品は、シルバーアクセサリーに、インディアンジュエリーか。なんだかかっこいいな」

そうしたイメージだけで面接を受け、その場で採用されて、販売員となりました。

雇用形態としては社員でしたが、給料は15万円、社会保険なしでした。

勤務時間は10時から夜の10時まで。休みは週に1日で、盆も正月も関係なくシフトが入りました。

もともと、人と話をするのが苦手で、それを克服するために販売の仕事を選びに選んだのも理由になります。

この職場には3年ほどいて、オーナーの人柄も良く勤めていましたが、ある日、オーナーから「うちだと今後もお給料を上げることができないから、彼女と結婚を考えているなら、今よりもお給料が良い職場を探してあげるから」と仕事を斡旋してくれましたが、収入に見合う仕事が見つからず、将来のイメージは灰色に塗りつぶされ、自分の人生が描けなくなっていました。

営業職と出会い、こんな仕事をやりたいと本気で思った

独り身であれば、あるいは居心地の良さに流され、もっと長くアクセサリーショップの販売員を続けていたかもしれません。

何か、もっと収入を得られる仕事を探さなければいけない。

そんな胸の内を彼女に明かしたところ、「自分の同級生のつながりで、保険営業の仕事がある」と、話をもって来てくれました。

「人と話すのが苦手な自分が、営業なんて……」

最初はまったくピンときませんでしたが、他ならぬ彼女の紹介でしたし、ひとまず先方に会ってみることにしました。ちなみにそこで間に入ってくれた彼女の同級生というのが、五十嵐泰治さんです。

営業マンの話を聞くうちに、次第に保険営業という仕事に惹かれていく自分がいました。

「人を助けることができて、喜ばれて、やった分だけ収入を得られる。そんな素晴らしい仕事があったのか」

なんだか胸が熱くなり、人生が変わりそうな予感がしました。

生まれて初めて「こんな仕事をやってみたい」と、本気で思いました。

そして私は、２０１３年2月から東京海上日動の研修生となり、営業の道を歩き出しました。ちょうど今勤務するライヴトゥリリーフが設立された月と同時です。この頃から社長の笹村さんに教わる機会が多く、たくさんのコーチをもらいました。

保険の営業マンに対する風当たりは、思ったよりもきつかったですが、それもよく考えれば、以前の自分が保険の営業マンに抱いていた胡散くさいイメージがそのまま反映されたものであり、驚くには値しませんでした。

まずは友人や知人から当たっていきましたが、私の場合、地元（八王子）の友人・知人に多くのアプローチを始めたところ、「石垣が、保険を売り歩いている」。そんな噂が地元でたっていたようで、次第に「お前はいったい何をやっているんだ」と諭されるようになりました。

ある日、地元では有名な強面の先輩に呼び出されました。

「仲間内に営業かけまくっているそうじゃないか。そんなみっともない真似、これ以上するんじゃない」

そう凄まれた時はさすがに落ち込み、肩を落として会社に戻りました。

すると、たまたま笹村さんがいて、声をかけてくれました。

「どうしたんだ、元気ないな」

「実は、地元で悪い噂がたっているようで……」

事の顛末を話すと、笹村さんは私の目をしっかりと見て、こう言いました。

「お前は、人を助けるために保険の道を選んだんだろ。役に立つことをしているんだから、相手が誰だろうと、周りが何と言おうと、堂々と会いに行けばいいじゃないか」

そこで私は、気づきました。

そうだ、自分は保険の営業を通じ、人助けがしたいんだ。

嫌われたくない。つらく当たられたくない。そんな自分の都合で営業に行くことを渋ったなら、万が一その人の家庭に何かあったときに、必ず後悔する。救えたはずの人を救えなかった後悔は、きっと一生ついて回る。そんな思いは、絶対にしたくない。

ようやく気持ちが、吹っ切れました。

その後は、むしろ仲がいい人、大切な人だからこそ積極的に話をしに行き、自分のもてる限りの知識を伝える努力をしました。完全に拒否反応を示していた地元の先輩に対しても、改めてアプローチし、人生でなぜ保険が大切なのか、自分がどうして保険の仕事をしているのかを話しました。

そうして「人を助ける」という使命感のもとで営業を続けていると、不思議なことが起こりました。

保険の営業で、友人との絆がより深まった

最初は保険に対し懐疑的でまるで取り合ってくれなかった友人や知人たち。彼らのほうから、私に連絡が入るようになったのは、いつの頃からだったでしょうか。

最初、すごんだ先輩も、それから1年後に電話をかけてきて、保険についての話を聞きたいといってくれました。

いちばん驚いたのは、友人の結婚式での出来事です。

円卓を囲み、にぎやかに話をするなかで、そのうちの一人が保険に入っていないと分かりました。すると周囲にいた友人たちがこぞって「なんで石垣くんのところに相談しないの」と叱るような調子で言ってくれました。そうして強く勧めてくれた友人たちのいずれもが、最初は私と会うことすら拒んでいた、「反対派」だったのです。

「友達が減る、嫌われる」というのは、結局のところ私の思い過ごしでした。

保険という商品を通じ、その人の未来をともに考え、さまざまな相談に乗ることで、友人たちとの絆は、より深いものになっていました。

私は改めて、保険営業のすばらしさを感じ、そんな仕事ができている自分を、幸せに感じました。

研修生時代の3年2カ月の期間中は、ノルマを下回ることはなく、5％しか残らないと言われる難関をクリアできました。

口下手だった私でも最後まで残れたのですから、営業マンにとってしゃべりのうまさというのはあくまで武器の一つにすぎず、売れるための必須条件ではないのでしょう。

それよりも、教えられたことを素直に守り、愚直に現場で繰り返すという誠実さのほうが、より強力な武器になると、今は感じます。私が研修をクリアできたのも、マニュアルを徹底的に順守し、現場で繰り返したからこそであり、特別な営業の才能があったわけではないのです。

営業を通じ、人助けがしたかった

私がライヴトゥリリーフのコンサルタントになったのは、東京海上日動の研修生を卒業した2016年4月のこと。人とのご縁がつながるほど、営業成績は伸びていきました。

現在までの実績としては、紹介営業により週4件の契約を346週（2021年3月現在）、続けてこられています。コロナ禍にあっても前年度比120％で売上を伸ばすことができています。

私としては、笹村メソッドをひたすら素直にやり続けただけで、特別な才能があったわけではないと思っています。

使命感が、何よりの原動力となる

あえて自分の強みを挙げるとするなら、営業という仕事に対する使命感は人一倍、強いかもしれません。

初めて会ったお客さまから「以前、事故にあったときに、こんなふうに苦労したので……」というお話を聞くと「なぜ自分はもっと早くこのお客さまのもとへいけなかったのか。もっと早く、この仕事を始めていたらよかったのに」と後悔する。

そのくらい、「人を救うために、営業に出かける」という気持ちが強いです。

その気持ちがお客さまにも伝わりたくさんご紹介をいただきながら、忙しい日々を送っています。

私にとっては、使命感が何よりの仕事の原動力であり、正直、給料についてはあまり考えたことがありません。

営業成績を追わずとも、結果的に多くのお客さまに恵まれてきましたから、やはり「相手を救いたい」という思いで営業するその姿勢が、成績につながっているのかもしれません。

営業マンになって、アクセサリーショップ時代の10倍以上の収入を得ることができるようになり、注文住宅を建てるなど、人生の夢がいくつか叶いました。

仕事面でも、ライヴトゥリリーフ初の支社となる八王子支社のリーダーを3月から任されており、マネジメント領域にも力を入れています。

一つの挑戦で、人生は大きく変わります。最初から頭で考えすぎず、まず飛び込んでみることが大切だと思います。

コラム⑤ 私が天職と出会うまで

営業マンの道を歩み始めた当初、私には「契約を預れなかったらどうやって生活しよう」という恐怖ばかりがありました。

そんな私を支えてくれたのが、上司であり指導係でもあった、鈴木健太郎さんでした。

鈴木さんには、とにかく怒られてばかり。そうして営業のいろはを徹底して叩き込んでもらいました。その経験がなければ、今の自分はないでしょう。

自分としては、前職のお菓子メーカーでさんざんプレゼンテーションをやってきていたので、お客さまに情報を上手に伝えることには自信がありました。しかし鈴木さんからは「あなたの話し方は気取っている」などと言われ、プライドはぼろぼろになりました。

「これは一度、真っ白になって、ゼロからやり直さねばならない……」

私はそう感じ、これまでの自分の経験をすべて捨てたつもりで、鈴木さん

column

に一から教えを乞いました。それが私の営業技術の基礎となっています。

営業を始めて予想外だったのは、自分が考えていたよりもずっと、保険営業マンに対する世間の風当たりが強く、お客さまから煙たがられたことです。

そんなふうに人から邪険に扱われた経験がなかったため、最初はかなり精神的にこたえました。

最もきつかったのは、前職の仲間たちに対して、営業をかけねばならぬことでした。

駆け出しの営業マンは、飛び込み営業を除き、友人知人しか当たる先がありませんが、私はやはり仲間たちに疎まれることが怖かったです。

それでも、やらねばなりません。

商談はたいてい、前の職場の向かいにある、ファミリーレストランで行いました。もちろん相手が来やすいようにとの配慮からでしたが、その姿をさらに別の社員に見られていたのでしょう。ある日、仲間の一人からこう言われました。

「笹村さんが会社の仲間達に保険を売っているって、社内で評判になっていますよ」

それを聞いたときは、本当にショックでした。

ああ、もう自分は、嫌われてしまった。二度と昔の場所には、戻ることはできないのだ……。そう思うと悲しくて、転職したことを後悔しました。

暗い顔をしている私に、鈴木さんは静かに言いました。

「評判が悪評だというのは、自分で決めつけているだけだろう。あなたがしていることは悪いことなのか？　そう思うならすぐに辞めなさい。そして『評判』というのは事実ではない。自分で見たこと聞いたことだけ信じなさい」

そんな厳しい言葉の後に、ふさぎ込む私にしてくれたのが、本文中でも紹介した「自分たちの一本の電話が、その人の人生を変えるかもしれない」という話でした。

保険は、万が一のことがあった際、契約者の人生を救うもの。その営業を

column

しにいくことが、悪いはずがない。むしろ友人知人だからこそ、真っ先に話を聞いてもらいたい。彼らの人生を変えるつもりで、営業に行く。
正しいことをやっているのだから、堂々と胸を張って、行けばいい。
鈴木さんの言葉や教えに背中を押され、私は前へと進めました。

　そうして営業を始めて、10カ月後。給料が出費を上回り、退職金が残り約100万円となったところで、なんとか営業マンとしてやっていくめどが立ちました。

　そこからトップ営業マンへの道を歩みだすのですが、どのような心掛けで現場に立ち、どうやって契約を伸ばしていったかについては、本文で余すところなく記したつもりですから、ここでは結果だけを示しておきます。

　紹介営業の連続で、私は毎週2件の契約を、2年半にわたって続ける（113週連続）ことができました。この実績はいまだに破られていません。

　そのように日本生命では実績を残せましたが、私としては次第に仕事が物足りなくなっていきました。1社だけよりも、いろいろな会社の商品を扱えたほうが、お客さまの選択肢が広がり、よりフィットする提案ができると感じるようになったのです。

そんななか、同社の先輩から、私に声がかかりました。

「これから世の中はさらに多様化し、複数の会社の商品を扱えねば選ばれない時代がきっとくる。だから自分は、独立して販売代理店をやることにした。よければ副社長として、一緒にやってくれないか」

実は私も、もともと独立を視野に入れていました。社長になるという目標を忘れたことは、片時もありませんでした。たくさんの商品を扱えるのは営業マンとして魅力的でしたし、副社長として経営に携わることで、会社の運営に必要なことが学べるだろうという目算もありました。

2007年7月、私は日本生命を辞めて、先輩とともに小さな保険代理店を興しました。

そこでは5年半働き、成果も残したのですが、「どうしても自分でつくりたい世界〝営業マンの楽園〟」を実現したく決断をしました。

column

そして、２０１３年2月。

私はついに、独立して自分で会社を立ち上げました。

会社名は、「ライヴトゥリリーフ」。直訳すると「救済に生きる」です。これを企業理念にしています。ここには3つの「救済に生きる」が存在します。一つ目は「お客さま」、２つ目は「働く仲間」、３つ目は「経済」です。特に2つ目の「働く仲間」については、離職率の高い保険業界で社員全員が定年まで務め上げてもらいたいと思っています。

創業当時は、私と営業マン３人、事務員１人しかいませんでしたが、そこから徐々に規模が広がり、今では35人の社員たちが、私と同じ志をもち、お客さまのために日夜飛び回っています。

これからも、ライヴトゥリリーフは、走り続けます。

ファイナンシャルプランナーオフィスとして、お客さまの未来をよりよく変えるために。

おわりに

ライヴトゥリリーフ。

日本語に訳すると「救済に生きる」。

少し変わった会社名かもしれません。

私がなぜこんな名をつけたのかといえば、本書で述べてきたような、営業マンの社会的な役割をしっかりと果たす会社にしたかったからです。

自社の商品やサービスにより、お客さまの悩みや課題、欲求を解消して、理想とする未来を提供する。そうして保険営業の仕事を通じ、お客さまの人生を救う。

そんな理念を、社名に込めています。

アメリカでは、『良き医師・良き弁護士・良きファイナンシャルプランナーが家庭に必要』といわれるほど、ファイナンシャルプランナーという仕事がお客さまの人生に多大な貢献をしています。

日本では、「保険営業」とひとくくりで呼ばれ、営業マンに対する風当たりはまだまだ厳しいですが、ライヴトゥリリーフの理念を広めることで、その環境を少しでも変えるべく、社員とともに努力していきたいと思っています。

本書を執筆している最中にも、コロナによってこれまでの常識がどんどん覆されています。

営業の世界も変革の大波をかぶり、これまでほとんどの営業マンが試したことなどなかったであろう「リモート営業」が、新たな常識となりつつあります。今後、コロナが落ち着いても、きっとこの新たな流れが逆行することはないでしょう。

そうした時代の変化に対応する必要がある一方で、どんな世の中になっても、変わることのない営業の本質が存在します。

本書では、実はそうした本質的な部分に、多くのページを割いてきたつもりです。
営業テクニックについて、私が有用であると感じたものを紹介してはいますが、テクニックだけをひたすら知りたいなら、それこそ類書やインターネットで大量に掲載されています。

そして、有効な営業テクニックというのは、時代によって変化する最たるものです。
例えば戦後は「足で稼ぐ営業」が主流だったのが、世の中が豊かになることで多様化したニーズに合わせた、提案型の新たな営業スタイルが求められるようになりました。インターネットの普及後には、お客さまが知識を仕入れるようになり、それを考慮した営業トークが必要となりました。そしてまた、コロナ禍でリモート営業という新たな手法が台頭しつつあり、営業マンもそれにフィットするテクニックを磨かねばならない――。

そんななか、その時だけ通用するようなテクニックをいくら語ったところで、1年後、2年後には時代遅れになってしまうかもしれません。

本書を通じ、営業の本質を理解したうえで、いつの世でも営業マンに求められる姿勢や心構えを吸収し、実践に取り入れてもらったなら、どんな環境においても年収1000万円を稼げるような営業マンになれる。私はそう信じています。

実際に、終章で取り上げた3人の営業マンは、私のコーチを素直に受け入れ、本書のとおりに歩んでくれたことで、2000万円前後をかせぐような営業マンとなりました。

まずは騙されたと思って、本書の内容をそのまま受け入れ、試してみてほしいと思います。

それがあなたの人生を変えるきっかけとなることを切に願いながら、筆をおきたいとおもいます。

2021年4月吉日　ライヴトゥリリーフ株式会社　代表取締役　笹村敏夫

笹村敏夫（ささむら　としお）
Live to Relief（ライヴトゥリリーフ）株式会社　代表取締役。
大学卒業後、１９９３年に大手菓子メーカー（株式会社ロッテ）に入社、スーパーやコンビニエンスストアへのルート営業、マーケティング職を経験し「母の日ガーナ」販促などのヒット企画を生み出す。２００３年日本生命保険相互会社（ＧＬＡＤ）に転職。ライフプロデューサーとして保険コンサルティングに従事。個人保険を中心に毎週２件以上の契約を１１３週継続（２０２１年５月現在：日本生命レコード）。２００４年から複数回にわたって業界上位２・５％のトップセールス集団であるＭＤＲＴ会員となる。２０１３年ファイナンシャルプランナーオフィスLive to Relief株式会社設立。自身が培った教育ノウハウで複数の営業未経験者をＭＤＲＴ会員に育てている。仕事と並行して母校（東京経済大学）の体育会ハンドボール部の監督を務める。

本書についての
ご意見・ご感想はコチラ

人生が変わる「究極の営業」

二〇二一年四月二八日　第一刷発行

著　者　笹村敏夫
発行人　久保田貴幸
発行元　株式会社　幻冬舎メディアコンサルティング
〒一五一-〇〇五一　東京都渋谷区千駄ヶ谷四-九-七
電話　〇三-五四一一-六四四〇（編集）
発売元　株式会社　幻冬舎
〒一五一-〇〇五一　東京都渋谷区千駄ヶ谷四-九-七
電話　〇三-五四一一-六二二二（営業）
印刷・製本　シナノ書籍印刷株式会社
装　丁　弓田和則

検印廃止

Printed in Japan　ISBN 978-4-344-93099-5 C0034
幻冬舎メディアコンサルティングＨＰ　http://www.gentosha-mc.com/